LACAN COM WINNICOTT

Espelhamento e Subjetivação

ROBERTO B. GRAÑA

LACAN COM WINNICOTT

Espelhamento e Subjetivação

Casa do Psicólogo®

© 2011 Casapsi Livraria e Editora Ltda.
É proibida a reprodução total ou parcial desta publicação, para qualquer finalidade, sem autorização por escrito dos editores.

1ª Edição
2011

Editores
Ingo Bernd Güntert e Juliana de Villemor A. Güntert

Assistente Editorial
Luciana Vaz Cameira

Capa
Ana Karina Rodrigues Caetano

Projeto Gráfico e Editoração Eletrônica
Sergio Gzeschenik

Produção Gráfica
Fabio Alves Melo

Revisão
Roberto B. Graña

Dados Internacionais de Catalogação na Publicação (CIP)
(Câmara Brasileira do Livro, SP, Brasil)

Graña, Roberto B.
    Lacan com Winnicott : espelhamento e subjetivação / Roberto B. Graña. -- São Paulo : Casa do Psicólogo®, 2011.

    Bibliografia.
    ISBN 978-85-8040-129-5

    1. Lacan, Jacques, 1901-1981 2. Psicanálise 3. Subjetividade 4. Winnicott, Donald W., 1896-1971 I. Título.

11-11615   CDD-150.195

Índices para catálogo sistemático:
1. Espelhamento e subjetivação : Teoria psicanalítica 150.195

Impresso no Brasil
Printed in Brazil

As opiniões expressas neste livro, bem como seu conteúdo, são de responsabilidade de seus autores, não necessariamente correspondendo ao ponto de vista da editora.

Reservados todos os direitos de publicação em língua portuguesa à

Casa do Psicólogo
Rua Simão Álvares, 1020
Pinheiros • CEP 05417-020
São Paulo/SP – Brasil
Tel. Fax: (11) 3034-3600
www.casadopsicologo.com.br

*À memória de minha mãe,
Abigail Graña, que soube me ver.*

Uma fotografia pouco nítida é realmente a imagem de uma pessoa? Sim, pode-se substituir com vantagem uma imagem pouco nítida por uma nítida? Não é a imagem pouco nítida justamente aquela de que, com freqüência, precisamos?

Ludwig Wittgenstein, *Investigações filosóficas*

Sumário

Prefácio 11

1 Lacan com Winnicott: sobre espelhos, especularidade e subjetivação 15

2 As obras do espelho: mutualidade, comunicação silenciosa e identificações cruzadas 41

3 Tempo e trauma em O *espelho*, de Jafar Panahi: breve crônica de uma morte invisível 65

4 Fi(ful)gurações do espelho em literatura e psicanálise: Machado, Rosa, Winnicott, Lacan 91

5 Winnicott ◊ Lacan: esboço de análise crítico-semiológica de um brevíssimo intercâmbio epistolar 115

6 Lacan leitor de Winnicott: recepção das ideias winnicottianas na França e elementos teóricos para uma psicanálise pós-estruturalista 137

Prefácio

A publicação de *Lacan com Winnicott* ocorre vinte anos após o aparecimento de *D.W. Winnicott: Estudos*, em 1991. Entre os dois livros transcorreram duas décadas durante as quais – entre obras individuais e coletivas – publiquei mais oito livros, versando sobre temas tão diversos como psicanálise, literatura e crítica literária, psicanálise e filosofia, psicanálise de crianças e adolescentes, abordagem psicanalítica dos estados psicóticos, fronteiriços e transtornos da identidade de gênero na infância e adolescência.

O presente volume, apercebo-me disso *a posteriori*, parece somar-se a *A Carne e a Escrita* (2005) e a *Origens de Winnicott* (2007) no sentido de buscar estabelecer um centro intelectual, um platô a partir do qual oriento a minha prática clínica como psicanalista e a reflexão que se processa sobre e a partir da mesma, compreendendo ainda questões diversas – que não constituem apenas "problemas empíricos", como pretendem aqueles que insistem em conceituar a psicanálise como ciência – as quais enfeixam toda uma serie de considerações relativas à cultura e a um saber que tenho designado – de forma um tanto perigosa – como transdisciplinar.

Transdisciplinaridade é um significante que tem sido articulado a significados bastante diversos, os quais apontam para lugares tão distintos como podem ser os entrecruzamentos de física quântica e autoajuda, de filosofia da mente e neurociência, de parapsicologia e medicina ortomolecular, de astrologia e psicotécnica, *and so one*. Devo, portanto, especificar que o sentido em que aqui o emprego implica sobretudo as ciências ditas humanas e as artes de maneira geral, endossando a fértil interdiscursividade que, desde Freud, constitui o campo dos múltiplos interesses da psicanálise, ampliado e intensificado hoje pelo diálogo continuado desta com a teoria e a crítica literária, a lingüística, a semiologia, a filosofia contemporânea, a sociologia e outras disciplinas afins que contribuem, de forma menos imediata, para a sustentação desta produção dialogal.

Dentro da própria psicanálise – que fala tantas línguas – encontramos autores cujas obras, postas em diálogo, poderão favorecer o avanço da reflexão sobre diferentes temas da clínica e da cultura. Há aproximadamente vinte anos, quando intuí que Lacan e Winnicott poderiam ser postos a conversar – mais além do que haviam já, efetivamente, conversado em vida –, escutei de lacanianos e winnicottianos que o meu projeto estava fadado ao fracasso e que este diálogo poderia ser tão pouco possível como a luta do urso polar com a baleia, à qual Freud se havia referido. Em tudo – mas num nível que me parecia bastante superficial e demasiado racionalista – os dois autores se contrapunham, diziam-me os colegas. Winnicott enunciava categorias como o ser, o *self*, o objeto, a realidade, a vitalidade, o corpo de uma forma positiva, realçando sempre a presença, enquanto que o pensamento e os conceitos de Lacan operavam principalmente no registro da negatividade; assim era com o real, com o objeto, com o sujeito, com a relação, com a verdade, com o falo, tudo sinalizava a ausência, realçava a impossibilidade, escancarava a falta.

Para um leitor não "lacaniano" e não "winnicottiano" de Lacan e Winnicott, entretanto, as coisas não se colocavam dessa maneira. O estudo dos gregos e das obras de Kierkegaard, Nietzsche, Husserl, Heidegger, Sartre, Merleau-Ponty, Deleuze, Derrida, Blanchot, Barthes, Bakhtin, Badiou, entre outros, ao longo de muitos anos, sugeria-me que o conhecimento, pelo menos o conhecimento que me interessava, avançava por entre as antinomias, os aporemas e os paradoxos. Chegar a entender que diferença não implica oposição, antítese, e que a primazia do pensamento dialético não mais se sustentava frente às redescrições dos processos de construção do conhecimento que se desdobravam e sucediam entre o final do século IXX e o final do século XX, permitiu-me aproximar Lacan e Winnicott de forma a produzir a tensão necessária – ocasionada pela diferença entre as duas obras – para obter um certo efeito redescritivo que posso íntima e informalmente designar como a minha psicanálise contemporânea.

Este livro é movido pela intenção de compartilhar com o leitor, psicanalista ou não, a experiência que me conduziu a este lugar. Lugar em que psicanálise, literatura e filosofia apenas se distinguem. Em *Crítica e clínica* (1993), Gilles Deleuze afirma que a literatura é saúde, é delírio e cura, e que o escritor é uma espécie de médico, de si mesmo e do mundo, o que já havia dito em *Sacher-Masoch: o frio e o cruel* (1967). Creio que a tese que sustento em *A carne e a Escrita*, e que enunciada de forma algo diversa está também presente em *Para uma estilística da existência* (1996), de Joel Birman, inspirando ainda o calembur de Fábio Hermann, "literacura" (2002), insere-se nessa mesma perspectiva, que destaca a potencialidade terapêutica da aventura literária, da experiência com o texto, seja na condição de autor ou na condição de leitor (coautor). A irritação de Winnicott frente à sugestão de leituras que lhe fazia Masud Khan justifica-se pelo fato de que um livro – enquanto *phármakon*, no sentido distinguido à palavra por Jacques Derrida, em *A farmácia de Platão* (1972) – não poderá ser jamais prescrito ou recomendado. Um analista, um livro, um autor, precisam ser criados, destruídos e usados. Não há relação verdadeira do *self* com o objeto, do sujeito com o Outro, que evite este "tremor" que é condição da própria experiência. Mas o espaço e o tempo da experiência devem ser produtos de uma abertura ao *événement* pontualmente gerada pelo sujeito (do inconsciente), por uma abertura do *self*, do *dasein*, a esta dimensão da novidade e da verdade. "Um sujeito – como diz Badiou (1988) – é um saber suspenso por uma verdade de que ele é o momento finito". Cabe esperar, portanto, que o leitor chegue até o livro, que o invente em seu devido tempo, e que o despedace oportunamente, de acordo com a sua necessidade íntima de ir adiante servindo-se, mais ou menos, dele.

A condição, vantajosa a meu ver, de não ser lacaniano nem winnicottiano, mas – simplesmente e antes de tudo – um psicanalista sensível à grandeza destas duas obras e destes dois autores, permite-me apostasias de toda ordem no próprio ato de esgaçamento de enunciados e deslocamento de conceitos, visando extrair destes o que suspeito ser útil à continuidade de reflexões pretensamente extemporâneas – no sentido nietzschiano da palavra –, que enfezam habitar ou anunciar um tempo *além*, um começo tateante de porvir. Evito assim recolher-me à *abbaye* lacaniana ou encerrar-me na *nursery* winnicottiana, promovendo, contrariamente, o atrito destas duas pedras pontiagudas para deleitar-me com a fagulha liberada por essa fricção. Penso que aí se traça o plano de imanência para os desdobramentos possíveis – e desejáveis – de uma discursividade que, muito legitimamente, almeja dizer mais, fazer(se) ser e fazer(se) falar.

Roberto B. Graña
POA, julho de 2011.

1

Lacan com Winnicott: sobre espelhos, especularidade e subjetivação

A metáfora do espelho é uma das mais antigas efetuações simbólico-poéticas de que se tem notícia, e desde a mitologia grega até a literatura, filosofia e psicanálise contemporâneas anima autores das mais diversas áreas do saber e da cultura a revisitá-la, movidos pelo fascínio emanante do espelho e pelo anseio de, uma vez mais, produzir novas cintilações imagéticas e novas percussões de sentido a partir do efeito de duplicação da própria figura, sobretudo pela mistificação e pregnância da imagem escópica na determinação dos destinos do sujeito humano, da sua glória ou da sua destruição.

É comum escutarmos que escritores como Dostoievski, Kafka, Lewis Carroll, Oscar Wilde, Machado de Assis e outros, que exploraram literariamente a temática do espelho, anunciaram ou descobriram a psicanálise antes ou juntamente com Freud. Efetivamente, a psicanálise é um produto da cultura e seu discurso se sustenta na intertextualidade que durante mais de um século ela soube manter com todas as disciplinas que constituem o campo do que Freud denominou "seus interesses", onde incluímos hoje a teoria e a crítica literárias, a lingüística e a antropologia estruturais, a estética e a crítica cinematográfica e a filosofia não sistemática, para nomear apenas as mais relevantes. Na linhagem freudiana da psicanálise contemporânea dois autores, sensíveis a esta interdiscursividade ampla, concederam especial atenção à especularidade no processo de constituição subjetiva e a seus efeitos e usos possíveis dentro da atividade clínica do psicanalista: Winnicott e Lacan.

Em 1949, Lacan daria forma final a um artigo que apresentara treze anos antes no congresso de Marienbad e o intitularia "O estádio do espelho como formador da função do Eu", e Winnicott, instigado pelas ideias ali esboçadas pelo amigo francês, nas quais encontrava alguma assonância com as próprias, pretendeu homenageá-lo, questioná-lo e suplementá-lo quase duas décadas mais tarde, em 1967, num artigo inspirado pelo texto de Lacan e intitulado "O papel de espelho da mãe e da família no desenvolvimento da criança". O que irá distinguir, tanto quanto aproximar, o texto de Lacan e o de Winnicott é não apenas a ênfase de Winnicott no espelho humano e de Lacan no espelho real, mas o destaque dado por Winnicott ao sentido do olhar e do cuidado do outro e por Lacan ao sentido da imagem e do desejo do outro, em suas obras, sentido que interpondo-se ou mediando a relação inicial da criança com o mundo determinará efeitos de subjetivação e alienação mais ou menos convenientes ao pleno desenvolvimento das potencialidades vitais do bebê – à enteléquia do sujeito ou ao seu abortamento. O período de tempo compreendido pelo *estádio do espelho* de Lacan é exatamente o mesmo abrangido pelo *jogo da espátula* descrito por Winnicott em 1941[1] (cuja essencial relação ontogênica com o *jogo do carretel*, descrito por Freud em 1920, esmiucei já em publicação recente[2]), entre os seis e os dezoito meses de vida, aproximadamente, sendo ambos conotativos de um período crítico na assunção da autoimagem e da condição unitária individual. Em Winnicott isto corresponde ao estágio de dependência relativa e em Lacan ao período de máxima operância do imaginário. Vejamos, a seguir, a conceptualização do espelhamento em cada autor atentando particularmente para os seus pontos de ênfase, afinidade e distinção.

No que poderíamos referir como sua "fase fenomenológica", que se estende no tempo de início dos anos 30 a início dos anos 50, e que é marcada por escritos de fundamental importância como seu livro *Da psicose paranóica em suas relações com a personalidade* (1932), e ensaios como "Para além do 'Princípio de realidade'"

---

[1] Winnicott, D.W. (1941) The observations of infants in a set situation. *Through paediatrics to psycho-analysis*. Bruner/Mazel New York, 1992.
[2] Graña, R. (2007) *Origens de Winnicott – ascendentes psicanalíticos e filosóficos de um pensamento original*. Casa do Psicólogo, São Paulo.

(1936), "Os complexos familiares" (1938) "A agressividade em psicanálise" (1948) "O estágio do espelho como formador da função do eu" (1949) e "Introdução teórica às funções da psicanálise em criminologia" (1950) Lacan estará voltado para o estudo do problema da identificação. Sua teorização gira em torno da função da *imago*, a imagem sob cujo fascínio o sujeito humano endossa o desejo e o discurso do Outro primordial constituindo-se, a princípio, especularmente, e bracejando doravante entre a alienação imaginária e a subjetivação simbólica num esforço para d'Este separar-se; para consistir, existir sobre si, a partir de si e para si – uma tarefa sem fim.

Na sua tese de doutoramento, *Da psicose paranóica em suas relações com a personalidade* (1932)[3], Lacan estará já preocupado com o papel do espelhamento na construção do delírio paranóico. Ele nos mostra como sua paciente Aimée atenta criminalmente justamente contra aquilo que mais almeja ser, uma artista de grande popularidade e prestígio, numa tentativa de reapossar-se de si destruindo aquele "outro" de dimensões totalizantes que, para utilizar as palavras de Schereber, lhe roubara a alma, promovera a sua nihilização[4]. Aimée era filha de uma mãe igualmente paranóica e ativamente delirante por ocasião do seu nascimento, a quem jamais dirigiu qualquer crítica, queixa ou reprovação. Sua mãe a amava fervorosamente, privilegiava-a na compra das roupas e tinha com ela um cuidado especial; segundo a paciente, ambas foram sempre muito amigas e nada mau lhe teria acontecido se tivesse permanecido junto de sua mãe. O *kakon* dessa relação imaginária, plasmada por uma efusão narcísico-fusional, desloca-se justamente para aqueles outros que, sendo a princípio objetos de um amor exaltado ou de uma admiração extrema, convertem-se posteriormente em perseguidores a

---

[3] Lacan, J. (1932) *De la psychose paranoïaque dans ses rapports avec la personnalité*. Paris, Éditions du Seuil, 1975.

[4] Em seu seminário dos anos 1953-54 (*Les écrits techniques de Freud*. Paris, Du Seuil, 1975), Lacan afirmará que o gesto agressivo da criança de pré-escola que ataca seu colega vizinho com uma pedra ou o gesto triunfante de Caim ao assassinar o irmão "manifestava somente a estrutura mais fundamental do ser humano no plano imaginário – destruir aquele que é a sede da alienação" (p.268).

serem atacados e destruídos: nessa sucessão encontramos a melhor amiga de Aimée, que é responsabilizada pela morte da sua primeira filha (nascida com circular de cordão), a irmã da paciente, que vindo morar com Aimée alguns meses após seu casamento irá aos poucos converter-se na usurpadora de todos os lugares e funções (inclusive a maternagem) e a Sra. Z, atriz famosa que não havendo respondido a nenhuma tentativa da paciente de pôr-se em contato com ela irá promover o ímpeto vingativo e o "momento fecundo" do delírio de Aimée, como diz Lacan, a passagem ao ato. O que Lacan coloca reiteradamente em destaque, entretanto, é a implicação social do delírio, o problema da alteridade e a qualidade paranóica do conhecimento do mundo por efeito da ação humanizante, mas também alienante, através da qual o Outro nos introduz num universo de significações propriamente humanas.

Em 1936, ano em que redige também o primeiro esboço do seu "O estádio do espelho", que apresentará como contribuição ao congresso de Marienbad, Lacan contrastará, em "Para além do princípio de realidade"[5], a psicologia científica ou associacionista com "uma espécie de análise, que sem duvida exige sutileza, mas cuja ausência torna caduca qualquer explicação em psicologia, e que se chama *análise fenomenológica*" (p.75) A leitura atenta deste ensaio é indispensável para a compreensão da noção de espelhamento em Lacan. Grande parte dos mal-entendidos e interpretações equivocadas desse conceito radica num desconhecimento de escritos contíguos onde as relações humanas são intimamente exploradas na perspectiva da subjetividade transcendental (intersubjetividade). Segundo a crítica de Lacan, "um imenso número de fenômenos psíquicos é tido, nas concepções dessa escola (a psicologia associacionista), como não significando nada. Isso os excluiria do âmbito de uma psicologia autêntica, que sabe que uma certa intencionalidade é fenomenologicamente inerente a seu objeto" (p.77). Para Lacan, a verdade é essencialmente subjetiva e alheia à ordem da ciência, a verdade é uma categoria fenomenológica, acessível apenas no plano vivencial e

---

[5] Lacan, J. (1936) Au-delà du "Principe de réalité". *Écrits I*. Paris, Du Seuil, 1999.

eivada das incertezas inerentes a uma experiência do verdadeiro que não é da ordem do evidencial. A certeza é uma ilusão compartilhada pelo cientista e pelo mistagogo, sem que para ambos se faça clara, ou apenas reconhecida, a onipotência implicada na noção de verdade que eles professam e praticam.

Apontando o enorme desprezo dos médicos pela realidade psíquica, que encontra fortes raízes em sua formação academicista, Lacan sustentará que "dado que a maioria dos fenômenos psíquicos no homem relaciona-se, aparentemente, com uma função de relação social, não há por que excluir a via que, por isso mesmo, abre-lhe o acesso mais comum: a saber, o testemunho do próprio sujeito desses fenômenos" (p.79). Em sua descrição fenomenológica da experiência analítica, Lacan destacará o papel da linguagem no ato de enunciação do vivencial, considerando especialmente, o âmbito intersubjetivo. Ele questionará a complexidade das relações do sujeito com a linguagem e com o outro, propondo que o psicanalista "por não desvincular a experiência da linguagem da situação que ela implica, a do interlocutor, toca no fato simples de que a linguagem, antes de significar alguma coisa, significa para alguém" (p.82). Esse discurso, que parece não querer dizer nada e não ter sentido algum, quer *lhe* dizer algo e quer *lhe* comunicar um sentido. E prosseguindo na descrição do que denomina de decomposição da experiência analítica, Lacan dirá que o analista entra nela, *ipso facto*, na condição de interlocutor:

> Esse papel, o sujeito lhe solicita que o sustente, a princípio implicitamente, e logo de maneira explícita. Silencioso, porém, e furtando-se até mesmo às reações de seu rosto, além de pouco discernido em sua pessoa, o psicanalista recusa-se pacientemente a isso. Não haverá um limite em que essa atitude deve fazer cessar o monólogo? Se o sujeito prossegue nele, é em virtude da lei da experiência; mas acaso continua ele a se dirigir ao ouvinte realmente presente, ou antes, agora, a algum outro, imaginário porém mais real: ao fantasma da lembrança, à testemunha da solidão, à estatua do dever, ao mensageiro do destino? (p.83).

Veja-se que o lugar do Outro/outro, tanto na formatação da experiência analítica quanto no processo de constituição subjetiva, está aqui explicitamente sinalizado por Lacan. A potencialidade ontogênica da *imago*, ou do espelho humano, em sua condição significante está referida por Lacan *pari passu* com a sua implicação no nível da linguagem. A citação continua:

> Contudo, em sua própria reação à recusa do ouvinte (analista) o sujeito trai a *imagem* com que o substitui. Por suas súplicas, suas imprecações, suas insinuações, suas provocações e seus artifícios, pelas oscilações da intenção com que o visa e que o analista registra, imóvel mas não impassível, ele lhe comunica o desenho dessa imagem. (...) Assim ele informa sobre o conjunto de sua conduta ao analista, que, ele mesmo testemunho de um momento desta, encontra aí uma base para sua crítica. Ora, o que essa conduta mostra ao analista após tal crítica é que nela atua, permanentemente, a própria *imagem* que ele vê surgir no atual (p.83).

Neste cenário, então povoado por fantasmas que transitam no imaginário do analisando, vemos compor-se um verdadeiro – porque subjetivamente desenhado – retrato de família, as qualidades e feições do ser de mães, pais, irmãos, tios, etc. É nessa mesma imagem, que o sujeito não cessa de presentificar por sua conduta, que o sujeito falha porém em reconhecer-se. Ele ignora aquilo que se repete no seu comportamento e "não sabe que essa imagem o explica"; ignora ainda "que desconhece a importância da imagem quando evoca a lembrança que a representa", e é o papel dessa imagem que o sujeito, por força da transferência, impõe ao analista, sendo também dela "que o analista extrai o poder de que irá dispor para sua ação sobre o sujeito" (p.88). A função primordial da *imago* é, pois, a catalisação do processo identificatório, "o caráter de um homem pode desenvolver uma identificação *parental* que deixou de se exercer desde a idade limite de sua lembrança. O que se transmite por essa via psíquica são os traços que no individuo dão a forma particular de suas relações humanas, ou dito de outra maneira, sua personalidade" (p.89). E o resultado deste processo em que a constituição mítica ou ficcional do sujeito irá plasmar-se "é que o comportamento individual do homem traz a marca de um certo número de relações psíquicas típicas, onde se exprime uma certa estrutura social: no mínimo a constelação que, nessa estrutura, domina mais especialmente os primeiros anos da infância" (p.89). É no estabelecimento desta linha de observação dos avatares da subjetividade que Lacan resgata a valorização fenomenológica do freudismo e passa à critica da sua metapsicologia, a começar pelo conceito de libido, onde, segundo diz, a audácia freudiana pretende remontar da relação inter-humana a uma função biológica que lhe serviria de alicerce, a energia sexual e o desejo sexual.

Em 1938, Lacan escreve um ensaio que é publicado no tomo VIII, dedicado à vida mental, da *Encyclopedie Française*; escrito sobejamente conhecido que tem por título "Os Complexos Familiares na formação do indivíduo"[6] e que não foi incluído nos *Écrits* devido a sua extensão. É oportuno, para nossos fins, destacar que já na sua introdução há uma afirmação de que "entre todos os grupos humanos, a família desempenha um papel primordial na transmissão da cultura". Se a preservação de ritos, convenções, costumes é partilhada com outros grupos e instituições "a família prevalece na primeira educação, na repressão dos instintos, e na aquisição da língua acertadamente chamada de materna. Com isso, ela preside os processos fundamentais do desenvolvimento psíquico, preside esta organização das emoções segundo tipos condicionados pelo meio ambiente, que é a base dos sentimentos (...)" (p.13).

Lacan ocupa-se nesse texto de três complexos (a noção de complexo sempre lhe foi simpática, já que o modelo energético/instintivo/pulsional contrastava com uma investigação que privilegiava a linguagem e a significação: o sentido) que supõe organizadores da vida psíquica do sujeito em diferentes etapas: o complexo do desmame, o complexo de intrusão e o complexo de Édipo. É no complexo do desmame que encontraremos o ponto de operância

---

[6] Lacan, J. (1938) *Os Complexos Familiares*. Jorge Zahar, Rio de Janeiro, 1985.

máxima do imaginário e a maior ascendência da *imago* sobre o *infans*. Para Lacan "o complexo do desmame fixa no psiquismo a relação da alimentação, sob o modo parasitário que as necessidades dos primeiros meses de vida do homem exigem: ele representa a forma primordial da imago materna" (p.22). Esta é a marca primeva do espelhamento humano, a qual antecede e prepara o *estádio do espelho* propriamente dito, em cuja experiência a relação com o outro humano está subsumida e presumida. A precocidade e pregnância dessa imagem, a imagem da mãe, e mais especificamente de seu rosto, é notavelmente descrita por Lacan em termos que nos dão a exata medida de sua atenção aos movimentos sutis, sub-reptícios, que se processam no interior da relação mãe/bebê e suas repercussões tardias na determinação da história de sucessos e fracassos do sujeito. Diz Lacan:

> Essa imago é dada em seu conteúdo pelas sensações próprias aos primeiros meses de vida, mas só tem forma na medida em que estas se organizam mentalmente. Ora, sendo esse estádio anterior ao advento da forma do objeto, não parece que estes conteúdos possam se representar na consciência. Eles aí se reproduzem, entretanto, nas estruturas mentais que modelam, como dissemos, as experiências psíquicas ulteriores (p.24).

Lacan incluirá a imagem do rosto entre os primeiros interesses afetivos do bebê, selecionada entre as demais sensações exteroceptivas que constituem gradativamente as primeiras unidades de percepção (gestalts). Entre a reação claramente emocional do bebê frente à aproximação ou o afastamento das pessoas que cuidam dele "é preciso, porém, mencionar à parte, como um fato da estrutura – diz Lacan – a reação de interesse que a criança manifesta diante do rosto humano: ela é extremamente precoce, observando-se desde os primeiros dias e antes mesmo que as coordenações motoras dos olhos estejam concluídas" (p.25). Reiteremos, aos que ligeiramente informados sobre o *estádio do espelho* de Lacan chegam ao ponto de supô-lo circunscrito a uma reação do bebê frente a um objeto real, que toda a teorização que antecede o texto clássico de Lacan, de 1949, destaca exaustivamente as impressões estruturantes da subjetividade num inconsciente ainda não recalcado que a relação primordial com o outro humano tem a força de fundamentalmente promulgar. Conforme Lacan, "essas relações eletivas permitem conceber na criança um certo conhecimento muito precoce da presença que a função materna preenche, e o papel de traumatismo causal que, em algumas neuroses e certos distúrbios do caráter, pode desempenhar uma substituição dessa presença. Esse conhecimento, muito arcaico e para o qual parece feito o calembur claudeliano de *co-naissance*, pouco se distingue da adaptação afetiva" (p.25). A *imago* deve dar lugar, no curso do desenvolvimento, a deslocamentos, substituições e sublimações para que novos "outros" e relações venham a introduzir-se no campo de afetos e de interesses do sujeito; havendo a obstrução deste progresso a *imago* salutar do início poderá converte-se em *imago* mortífera, e somente sob tais condições a noção freudiana de pulsão de morte encontrará espaço no pensamento lacaniano, na medida de seu afastamento do preconceito biológico que determina que a toda tendência ou inclinação se relacione um instinto. A tendência à morte, portanto, está em interdeterminação com a excelência ou insuficiência da função da *imago* e das identificações originadas desta, da função materna, sendo inúmeras as representações simbolicamente inscritas no imaginário e na cultura onde se revelam as estreitas conexões entre a morte e a mãe. Se a identificação afetiva está especialmente articulada com o complexo de Édipo, seu emprego não está bem definido teoricamente nos estágios mais iniciais da vida, falta que, afirma Lacan, "tentamos suprir por uma teoria dessa identificação, cujo momento genético designamos com o termo estádio do espelho" (p.35), estágio que corresponde no tempo ao declínio do desmame, aproximadamente aos seis meses de vida.

Em "A agressividade em psicanálise"[7], escrito de 1948, Lacan irá inter-relacionar duas imagens, a *imago*, ou imagem especular

---

[7] Lacan, J. (1948) L'agressivité em psychanalyse. *Écrits I*. Paris, Du Seuil, 1999.

humana, e a imagem do corpo despedaçado, a figuração primitiva do soma. A imagem do *corps dépécé* ou *morcelé* antecede no tempo à experiência da imagem unificada do corpo na mente do bebê. A *imago*, imagem especular humana, terá um poder integrador ou vivificante, ou terá uma potencialidade aniquiladora ou mortífera. Disto dependerá o sentido atribuído posteriormente ao reflexo da própria figura no espelho real. A eficácia mortífera da intencionalidade agressiva do Outro é ilustrada por Lacan no comentário feito por uma mãe ao saber da orientação homossexual de seu filho; essa potencialidade geradora, conforme escreve Lacan, "nós a constatamos freqüentemente na ação formadora de um indivíduo sobre as pessoas de sua dependência: a agressividade intencional corrói, mina, desagrega; ela castra; ela conduz à morte". Essa mulher, devastadoramente emasculante, esbravejava ao confrontar-se com a destruição da masculinidade de seu filho: "E eu que acreditava que você era impotente!", não obstante, acrescenta Lacan, "pudemos ver que sua permanente agressividade de mulher viril não deixava de surtir efeitos (...)" (p.103).

As noções de *imago* e de identificação estão, para Lacan, na origem de toda possibilidade de apreensão psicanalítica do movimento constitutivo do sujeito humano. A psicanálise "partiu da função formadora das imagens no sujeito e revelou que, se as imagens atuais determinam tais ou quais inflexões individuais das tendências, é na condição de variações das matrizes que constituem, para os próprios *instintos*, esses outros específicos que fazemos corresponder à antiga denominação de *imago*" (p.103), o que implica uma crítica ao conceito com significação enigmática, de Freud, de *instinto de morte* – segundo Lacan, "a mais profunda tentativa já surgida de formular uma experiência do homem no registro da biologia". É, portanto, na imagem do outro humano e numa relação social que a criança antecipa a unidade funcional de seu corpo maturativamente inacabado, à qual dará plena forma na *experiência lúdica* em que se sintetiza individualmente a partir do jogo com sua figura projetada pelo espelho real. Escreve Lacan:

Há aí uma primeira captação pela imagem, onde se esboça o primeiro momento da dialética das identificações. Ele está ligado a um fenômeno de Gestalt, à percepção muito precoce, na criança, da forma humana, forma esta que, como sabemos, fixa seu interesse desde os primeiros meses e mesmo, *no que tange ao rosto humano*, desde o décimo dia de vida. Mas o que demonstra o fenômeno do reconhecimento que implica a subjetividade são os sinais de jubilação triunfante e o *ludismo* de discernimento que caracterizam, desde o sexto mês, o encontro com sua imagem no espelho pela criança (p.111)[8]

Em 1948, portanto um ano antes do seu escrito clássico sobre o *estádio do espelho* – cuja ideia estava apenas parcialmente esboçada na comunicação apresentada como candidato egresso da Sociedade Psicanalítica de Paris, no congresso de Marienbad, em 1936 – afirma já Lacan:

O que chamei de *estádio do espelho* tem o interesse de manifestar o dinamismo afetivo pelo qual o sujeito se identifica primordialmente com a Gestalt visual de seu próprio corpo: ela é, em relação à descordenação ainda muito profunda de sua própria motricidade, uma unidade ideal, uma *imago* salutar; é valorizada por todo o desamparo original do filhote do homem durante os primeiros seis meses de vida, nos quais ele traz os sinais, neurológicos e humorais, de uma prematuração natal fisiológica (p.115).

Observe-se, porém, que em nenhum momento a experiência do bebê humano com o espelho real ficará limitada ao jogo especular de implicações percepto-motrizes-cognitivas, unicamente. O objeto humano estará essencialmente implicado nesta descrição do uso lúdico do espelho e a *imago* primordial traspassará a experiência escópica possibilitando ou não o autorreconhecimento no espelho real, cuja perturbação extrema se espetacularizará nos estado psicóticos da infância, onde o espelho adquire uma representação terrorífica

---

[8] Os itálicos são meus.

ou é totalmente destituído de interesse ou de curiosidade para a criança. Nesse sentido, afirma Lacan:

> Há nisso uma espécie de encruzilhada estrutural onde devemos acomodar nosso pensamento, para compreender a natureza da agressividade no homem e sua relação com o formalismo de seu eu e de seus objetos. Essa relação erótica, em que o individuo humano se fixa numa imagem que o aliena em si mesmo, eis aí a energia e a forma donde se origina a organização passional que ele irá chamar seu *eu*. (...) eis porque nunca, a não ser num limite do qual os maiores gênios jamais puderam aproximar-se, o eu do homem é redutível à sua identidade vivida (p.116).

Obviamente o leitor de Winnicott se apressará, algo impaciente, em apontar a diferença entre as concepções da especularidade nos dois autores, sinalizando especialmente esta passagem, e estará contrariado, sobretudo, pela introdução nesta da palavra *alienação*. Dirá ele que o espelho winnicottiano, contrariamente, integra e legitima a experiência do ser do bebê, vivifica o *self* refletindo-o em sua plenitude e onipotência original, convalidando, assim, a sua ocorrência no interior do ambiente/mundo humano. Demandarei, porém, um pouco mais de tempo e paciência ao leitor e amante da obra de Winnicott, entre os quais, há mais de três décadas, eu mesmo me incluo. A cintilante inteligência de um Winnicott ou de um Lacan não deverá jamais – para o bem da reflexão aqui proposta e, certamente, para o bem da teoria psicanalítica – ser intempestiva e ingenuamente confrontada a partir de arrebatos ou de reações passionais.

Acompanhemos a escrita de Lacan:

> À *Urbild* dessa formação, – nos diz ele – embora alienante por sua função externalizadora, corresponde uma satisfação própria, que se prende à integração de uma desordem orgânica original, satisfação esta que convém conceber na dimensão de uma deiscência vital constitutiva do homem, e que torna impensável a ideia de um meio que lhe seja previamente formado, libido negativa que faz resplandecer

novamente a ideia heraclitiana da discórdia sustentada pelo efésio como anterior à harmonia (...) (p.118).

Está aí introduzida, como se vê, a ideia de uma desordem, ou uma ausência de ordem orgânico-funcional originária que está *mutatis mutandis* contida na noção winnicottiana de *anintegração* (unintegration), para cuja descrição Winnicott encontrava útil a expressão de Glover "núcleos de eu". Ao *corpo não integrado*[9] de Winnicott corresponderá o *corpo em pedaços* de Lacan. Sua integração terá por condição a sustentação da existência sensório-motora ou do ser psicossomático do bebê nos olhos, no rosto, nos braços, no desejo do Outro/outro (a mãe ou o cuidador). O acento recairá nos distintos detalhes dessa interação. A integração ou constituição do sujeito humano individuado dar-se-á para Lacan no modo da alienação, sim, mas segundo a interpretação que aqui estou propondo, não somente. Reside aí o paradoxo da subjetivação, a divisão do sujeito, a *refente*. (Atente-se sutilmente ao sentido de *refendre* no francês corrente, que destaca o ato de serrar a madeira ao comprido, de ponta a ponta, e particularmente à expressão *mur de refend,* pela qual se designa a parede interior de uma construção). Há neste movimento constitutivo do sujeito algo que se aliena, mas há também algo que se oculta, que se introverte no modo do extravio, e que será inacessível doravante, algo que não se comunicará, nem aos outros nem ao próprio sujeito, senão fugazmente na ocorrência do tropeço, da falha, da torpeza ou da *despalavra*[10]. Algo que é definitivamente sem nome, mas que é capaz de manifestar-se como *poiesis*, acontecimento, criação. Vale dizer, em afinidade com Deleuze[11], que este sujeito é

---

[9] Em *Desenvolvimento emocional primitivo* (1945), escreve Winnicott: "Há longos espaços de tempo na vida de um bebê normal durante os quais não importa para ele ser muitos pedaços ou um ser inteiro, viver no rosto da mãe ou em seu próprio corpo, desde que, de tempo em tempos, ele se torne uno e sinta algo (...) com relação ao meio ambiente, só gradualmente pequenos pedaço da técnica de cuidado infantil, rosto vistos, sons ouvidos e cheiros sentidos são reunidos em um único ser total a ser chamado mãe" (*Through paediatrics to psycho-analysis*. Bruner/Mazel New York, 1992, p. 150).
[10] Ver Roustang, F. La eficacia del psicoanálisis. Proto 3, Técnica 2, GEPP, s.d.
[11] Em Deleuze, G. (1969) *Lógica do sentido*, Perspectiva, São Paulo, 2000.

em essência disjunto e só poderá constituir-se por sucessivas sínteses disjuntivas – ele *ex-siste*.

Dessa forma, o sujeito do inconsciente lacaniano encontraria ressonância teórica – ressonância, não similitude – na noção winnicottiana de um núcleo incomunicável do *self*. Em *Moral e educação*[12], artigo de 1963, Winnicott afirmará que "em termos de concepção emocional o *self*, em seu núcleo, é sempre pessoal, isolado e inafetado pela experiência" (p.99), e num brilhante ensaio sobre comunicação e não comunicação[13], do mesmo ano, irá novamente referir-se ao "núcleo pessoal do *self* que é um isolado verdadeiro" (p.182), ilustrando o paradoxo da comunicação, que tensiona fechamento e abertura, através do exemplo do artista que é movido pela "necessidade urgente de se comunicar e a necessidade ainda mais urgente de não ser decifrado". Isto se liga, acrescenta Winnicott, "ao conceito de realidade psíquica de Freud e do inconsciente que não pode nunca se tornar consciente" (p.185). O núcleo incomunicável do *self* corresponde à noção winnicottiana de verdadeiro *self*, a um *self* originário, um *self* que não se tornou ainda inevitavelmente falso ou inautêntico assumindo a forma de um pseudo *self* – como dirá eventualmente Winnicott – por efeito da alienação, de uma inevitável e necessária alienação/falsificação a qual, para Winnicott, em condições favoráveis ou sadias assumirá a forma da polidez ou da boa educação. A comunicação, segundo Winnicott, se processará em três níveis: o da comunicação *silenciosa*, o da comunicação *explícita* e o da comunicação *intermediária*. A comunicação silenciosa está relacionada, para Winnicott, com o conceito de narcisismo primário, enquanto que em Lacan o silêncio e o espelhamento estarão equacionados no nível da relação imaginária – vale dizer: narcísica, fusional, especular. Relação com a *imago*, ou com o Outro primordial, dirá Lacan. Relação com o Ego, ou com um outro de presença

---

[12] Winnicott, D.W. (1963) Morals and education. *The maturational processes and the facilitating environment*. IUP, Madison, 1996.

[13] Winnicott, D.W. (1963) Communicating and not communicating leading to a study of certain opposites. *The maturational processes and the facilitating environment*. IUP, Madison, 1996.

impercebida, escreverá Winnicott em seu notável ensaio sobre a capacidade de estar só (1958). O paciente monologa, brinca sozinho, conversa com seus botões, mas a imagem/presença do outro sustenta silenciosa e sutilmente essa experiência, essas ações. Ambas as proposições privilegiam o conceito de narcisismo primário, de Freud, espécie de *password* indicativo da ascendência freudiana nos dois autores. A origem da *imago*, a imagem humana primordialmente constitutiva do sujeito humano, afunda suas raízes, diz Lacan[14], na experiência narcísica original:

> Nenhuma dúvida de que ela provém da "paixão narcísica" desde que se conceba o *eu* segundo a noção subjetiva que aqui promovemos por ser conforme ao registro de nossa experiência; as dificuldades teóricas encontradas por Freud parecem-nos prender-se, com efeito, a esta miragem de objetivação, herdada da psicologia clássica, que se constitui pela ideia do sistema percepção-conciência, e onde de repente parece ignorada a realidade de tudo o que o *eu* negligencia, escotomiza e desconhece nas sensações que o fazem reagir à realidade, bem como de tudo o que ele ignora, silencia e ata nas significações que recebe da linguagem: desconhecimento bastante surpreendente a desencaminhar o próprio homem que soubera roçar os limites do inconsciente pelo poder de sua dialética (p.115).

Surpreender-se-á, e talvez menos se disponha a acompanhar-me, o leitor de Winnicott ao ouvir-me anunciar agora que o escrito clássico de Lacan sobre o *estádio do espelho* reveste-se para mim de importância menor face a todas as predições até aqui reunidas – as quais constituem as margens daquele escrito – porque ele não possibilita mais do que uma pálida enunciação daquilo que Lacan pretendeu efetivamente ali dizer (sem que a meu ver tenha sucesso nisso) sobre a função do espelhamento na constituição do sujeito humano (do que derivam a maior parte dos mal-entendidos e interpretações equivocadas deste conceito fundamental). Ilustração

---

[14] Lacan, J. (1948) L'agressivité en psychanalyse. *Écrits I*. Paris, Du Seuil, 1999.

autenticamente lacaniana de um para-dito que desloca o paraíso da linguagem para mais além, frustrando involuntariamente a pretendida plenitude do dizer. *Onde sou não penso, onde penso não sou*, sustentava Lacan em sua inversão do cogito cartesiano, deixando por isso mesmo de dizer plenamente o que desejava onde pretendia mais propriamente fazê-lo. Efeito da esquize da linguagem e da fala, do desejar e do querer, da enunciação e do enunciado. É que, se *os esboços fazem sonhar*, como dizia o poeta, *o essencial habita as margens*, ousarei acrescentar inspirado pela perspectiva de Lacan.

O escrito de Lacan sobre o estádio do espelho[15] é uma espécie de caos organizado, como diria Winnicott, onde o efeito de sentido heuristicamente criativo já se perdeu. Tanger o significado deste conceito implica, portanto, uma *promenade* pelas margens do texto no qual se formaliza a sua comunicação.

Embora inicialmente informados de que a experiência e função do eu (*je,* sujeito do inconsciente) em psicanálise se oponha ao eu pensante (*moi,* o ego), seja ele cartesiano ou sartreano, "a qualquer filosofia oriunda do cogito", como diz Lacan, é principalmente sobre o *ego sum,* a *res cogitans*, que ele se debruçará: "O filhote do homem, numa idade em que, por um curto espaço de tempo, mas ainda assim por algum tempo, é superado pelo chipanzé, já reconhece não obstante como tal sua imagem no espelho. Reconhecimento que é assinalado pela inspiradora mímica do *Aha-Erlebnis*, onde se exprime, para Köhler, a apercepção situacional, tempo essencial do ato de inteligência" (p.96). A referência introdutória aos experimentos cognitivos dos psicólogos da Gestalt com macacos, salientemos, menos favorece do que dificulta na abertura do campo em que se deverá inserir a reflexão subseqüente sobre a descoberta feita pelo bebê humano de sua própria imagem refletida no espelho, a partir dos seis meses de vida. O enviesamento inconveniente é, porém, logo corrigido pelo autor. Lacan apressa-se em distinguir o rápido esgotamento dessa experiência no macaco do uso humano do efeito

---

[15] Lacan, J. (1949) Le stade du miroir comme formateur de la fonction du Je. *Écrits I*. Paris, Du Seuil, 1999.

de duplicação especular, atividade que se estenderá no tempo cronológico até a metade do segundo ano de vida, aproximadamente. "Esta atividade – diz Lacan – conserva para nós, até os dezoito meses de idade, o sentido que lhe conferimos – e que não é menos revelador de um dinamismo libidinal, até então problemático, que de uma estrutura ontológica do mundo humano que se insere em nossas reflexões sobre o conhecimento paranóico" (p.97). Observemos que há um movimento que é espontaneamente o do sujeito no que o leva à assunção da imagem. "Basta compreender o estádio do espelho – segue Lacan -- *como uma identificação*, no sentido pleno que a análise atribui a esse termo, ou seja, a transformação produzida no sujeito quando *ele* assume uma imagem – cuja predestinação para esse efeito de fase é suficientemente indicada pelo uso, na teoria, do antigo termo *imago*" (p.97). Nessa assunção que é feita lúdica e jubilosamente, segundo Lacan, da imagem especular, há um elemento ativo (ou criativo, se formulamos o enunciado em linguagem winnicottiana) do sujeito que o constitui *em relação* a um outro, que não lhe é externo nem interno, num estágio de total inermidade e dependência (de *dependência absoluta*, diria Winnicott). Citemos novamente Lacan: "A assunção jubilatória de sua imagem especular por esse ser ainda mergulhado na impotência motora e na dependência da amamentação que é o filhote do homem nesse estágio de *infans* parecer-nos-á pois manifestar, numa situação exemplar, a matriz simbólica em que o eu (*je*) se precipita numa forma primordial, antes de se objetivar na dialética da identificação com o outro e antes que a linguagem lhe restitua, no universal, sua função de sujeito" (p.97). É a presença do simbólico no início o que permitirá a sua vigência posterior. É o índice do simbólico no interior do imaginário o que interpõe limites à alienação imaginária do sujeito. É isso ainda o que assegura que ele *não será alienação imaginária essencialmente*. É justamente a presença do simbólico no laço primordial com o outro o que possibilitará posteriormente a separação, a subjetivação *na linguagem*, dirá Lacan, não *na língua*, pois que se considerará a contração da dívida simbólica de início. É ela, de outra parte, o que nos assegura que o sujeito *não será alienação simbólica essencialmente*.

Veja-se, portanto, que a teorização lacaniana preserva, se assim o pudermos ler, um campo de liberdade para o jorro do sujeito, para sua sobreposição ativa aos laços alienantes no movimento de realização, no advento a si.

Quando o analista intervém, na sessão analítica, busca desfazer o ideal do saber suposto, o próprio e o do analisando, e explodir a relação imaginária, permitindo não o seu acesso ao simbólico como fim, mas, através deste, uma assintótica reorientação a si, à verdade do sujeito, como dirá Lacan, ressaltando sempre que a verdade é aquele pássaro que levanta vôo justamente quando iríamos derramar-lhe o sal na cauda. É a isso que Lacan está se referindo quando diz que "essa forma (o *eu ideal* ou *imago*) situa a instância do *eu* (moi) desde antes de sua determinação social, numa linha de ficção, para sempre irredutível para o indivíduo isolado – ou melhor, que só se unirá assintoticamente ao devir do sujeito, qualquer que seja o sucesso das sínteses dialéticas pelas quais ele tenha que resolver, na condição de *eu* (je), sua discordância da própria realidade" (p.94). Estabelece-se assim a divisão do sujeito, a cisão que essencialmente o constitui sem centro. A Gestalt humana simboliza "esses dois aspectos do seu surgimento – diz Lacan –, a permanência mental do *eu* (je), ao mesmo tempo que prefigura sua destinação alienante; é também prenhe das correspondências que unem o *eu* (je) à estátua em que o homem se projeta e aos fantasmas que o dominam, ao autômato, enfim, no qual tende a se consumar, numa relação ambígua, o mundo de sua fabricação" (p.94).

As recorrências à etologia que permeiam este escrito são, reiteremos, mais que dispensáveis, inconvenientes à abertura do campo ontológico em que o fenômeno descrito pretenderá se inscrever. Avancemos, pois, sobre elas para chegar ao que aponta para o núcleo da contribuição lacaniana e que poderíamos designar como a função propriamente "transicional" do espelho, enviesando winnicottianamente a formulação original de Lacan. Ele escreve:

> A função do estádio do espelho revela-se para nós, por conseguinte, um caso particular da função da *imago*, que é estabelecer uma relação

do organismo com sua realidade – ou, como se costuma dizer, do *Innenwelt* com o *Umwelt* (...) o *estádio do espelho* é um drama cujo impulso interno precipita-se da insuficiência para a antecipação – e que fabrica para o sujeito, apanhado no engodo da identificação espacial, as fantasias que se sucedem desde uma imagem despedaçada do corpo até uma forma de sua totalidade que chamaremos de ortopédica (p.100).

A antinomia freudiana entre impulsos de vida e impulsos de morte será por Lacan deslocada pela proposição de uma relação de equilíbrio instável entre narcisismo e função alienante do *eu* (je), que estará estreitamente relacionada com a ação da agressividade, a qual servirá à assunção subjetiva individual (odeio, logo sou), ou à insurgência criminal paranóica, ou à fragmentação passiva esquizofreniforme. Em "Introdução teórica às funções da psicanálise em criminologia"[16], de 1950, ele dirá que, não obstante, "a instância do *eu* é também aquilo que, no diálogo analítico, é declarado pelo sujeito com sendo dele mesmo, ou mais exatamente, aquilo que, tanto por seus atos quanto por suas intenções, possui a declaração do sujeito", embora seja justamente a desfiguração adaptativa que o sujeito sofre ao socializar-se o que implica "uma nova síntese dos aparelhos do *eu*, numa forma cada vez mais alienante para as pulsões que ali são frustradas, e cada vez menos ideal para as que ali encontram sua normalização. Essa forma é produzida pelo fenômeno psíquico mais fundamental, talvez, que a psicanálise descobriu: a identificação, cujo poder formativo revela-se até na biologia"(p.138). E ressaltando particularmente o fundamental paradoxo implicado no ato da humanização/subjetivação, Lacan afirma encontrar na identificação do sujeito *infans* com a imagem especular o modelo mais significativo "ao mesmo tempo que o momento mais original, da relação fundamentalmente alienante em que o ser do homem se constitui dialeticamente" (p.139).

---

[16] Lacan, J. (1950) Introduction théorique aux fonctions de la psychanalyse en criminologie. *Écrits I*. Paris, Du Seuil, 1999.

Em seu ensaio de 1967, sobre "O papel de espelho da mãe e da família no desenvolvimento infantil"[17], onde o problema da alienação inerente ao espelhamento não será diretamente considerado, Winnicott fará de início uma referência ao escrito de Lacan, pelo qual se diz influenciado. Consideremos, porém, alguns problemas da leitura winnicottiana de Lacan, de quem Winnicott não se supunha um bom entendedor, como deixa claro na carta que lhe dirige em 1960 e na qual confessa não entender o sentido e a importância do escrito de Lacan sobre a teoria do simbolismo em Jones[18].

Winnicott Inicia o seu artigo afirmando: "No desenvolvimento emocional individual, o precursor do espelho é o rosto da mãe. Desejo referir-me ao aspecto normal disso e também à sua psicopatologia". (Está claro, portanto, que para Winnicott a especularidade pode conduzir a um desenvolvimento sadio ou patológico, como em Lacan, desde que não se traduza necessariamente alienação por patologia)[19]. Continua Winnicott: "Sem dúvida, o artigo de Jacques Lacan, *Le stade du miroir* (1949) me influenciou. Ele se refere ao uso do espelho no desenvolvimento do ego de cada indivíduo". (Lacan, porém, não se refere no título ao *moi*, ego, mas ao *je*, sujeito do inconsciente, embora no texto ocupe-se principalmente do *moi*, o que certamente favorece o mal-entendido). E conclui Winnicott, no mesmo parágrafo: "Lacan, porém, não pensa no espelho em termos do rosto da mãe do modo como desejo fazer aqui" (p.111). Há, entretanto, apenas uma meia verdade no enunciado winnicottiano,

---

[17] D.W. Winnicott (1967) Mirror-role of mother and family in child development. *Playing and reality.* Routledge, London, 1997.

[18] Em Winnicott, D. W. (1987) *The spontaneous gesture.* Cambridge, Massachusetts and London, Harvard University Press.

[19] "O ego é o sintoma humano por excelência", dirá Lacan em seu *Seminário* de 1953-54 (*Os Escritos Técnicos de Freud*, Jorge Zahar, Rio de Janeiro, 1986, p. 25). "Na saúde, o falso-*self* é representado pela organização integral da atitude social polida e civilizada", escreverá Winnicott em seu estudo sobre a *Distorção do ego em termos de falso e verdadeiro self*, 1960 (*The maturational processes and the facilitating environment.* IUP, Madison, 1996. p.143), onde correlaciona o verdadeiro *self* com o id (parte central que é potencializada pelos instintos) e o falso *self* com o ego (parte orientada para o exterior e relacionada com o mundo) freudianos. Formulações paradoxais que indicam o grau de alienação que é inerente à constituição do sujeito humano, inevitavelmente.

pois, como indiquei já, Lacan refere-se primordialmente ao papel especular *do rosto e do outro humano*, embora não o aborde, é certo, do modo como Winnicott o fará.

Em resposta à pergunta que formula inicialmente e que motivará e precipitará toda a reflexão posterior: "O que vê o bebê quando olha para o rosto da mãe?" Winnicott apresenta duas alternativas: 1) O bebê vê a si mesmo, a mãe o olha e seu olhar se parece com o que ela vê nele. *Ela é um espelho*. 2) A mãe reflete o seu próprio estado de ânimo ou a rigidez de suas próprias defesas, sua depressão ou sua funcionalidade anempática. *Ela não é um espelho*. Neste caso, diz Winnicott, "a percepção ocupa o lugar da apercepção, o lugar do que poderia ter sido o começo de um intercâmbio significativo com o mundo, um processo bilateral no qual o autoenriquecimento alterna com o descobrimento do significado no mundo das coisas vistas" (p.113). E acrescenta Winnicott, bastante berkeleyanamente[20]: "Percebo que vinculo a apercepção com a percepção ao postular um processo histórico (no indivíduo) que depende de ser visto: quando olho me vêem, e portanto existo. Agora posso permitir-me olhar e ver. Agora olho de forma criativa e o que apercebo é o mesmo que percebo. Na verdade não me importa não ver o que não está presente para ser visto" (p.114).

Se o espelho de Lacan corre o risco de enfatizar excessivamente uma perspectiva cognitiva ou desiderativa, onde o amor, que não é o mesmo que conhecimento nem o mesmo que desejo, parece estar fora de questão, o espelho de Winnicott sofre a vertigem de uma formulação romântica onde a indiferença e o ódio não são compreendidos no gradiente das respostas especulares. Ora, a mãe que ama vitalmente seu filho é tão espelho ou tão pouco espelho quanto a que odeia ativamente seu filho ou a que lhe é indiferente. Não existe e menor possibilidade humana de apreensão pura, direta e imediata do ser do bebê. Mesmo porque, tanto em Winnicott como

---

[20] Para um estudo das influências da filosofia de Berkeley sobre o pensamento de Winnicott, ver "Berkeley e Winnicott", em Graña, R. (2007) *Origens de Winnicott*. Casa do Psicólogo, São Paulo.

em Lacan, *o ser é em relação*; no laço que estabelece com o outro, na intersubjetividade, no inter-humano que, como dizia Bakhtin[21], precede o humano. Somente o espelho real, operando de forma denotativa, seria em tese capaz de exercer esta função objetivante, não estivesse a imagem que nele encontramos conotada desde sempre pelo olhar, pelo desejo, pelo afeto, pelo significante do Outro/outro primordial[22].

Winnicott parece implicitamente contemplar isto no material clínico que apresenta em seu artigo, o de uma paciente que em determinado momento da sessão analítica lhe diz: "Não seria terrível uma criança olhar-se no espelho e não enxergar nada?", e que logo descreve a experiência de olhar para sua mãe e vê-la sempre falando com outras pessoas. Na seqüência, a paciente refere-se aos quadros de Francis Bacon e, escreve Winnicott: "Depois a paciente falou sobre *Le Stade du Miroir*, porque conhece o trabalho de Lacan, mas não pode estabelecer a vinculação que eu me sinto capaz de elaborar, entre o espelho e o rosto da mãe. Não era minha tarefa nessa sessão oferecer essa vinculação a minha paciente, porque em essência esta se encontra na etapa de descobrir as coisas por conta própria, e uma interpretação prematura em tais circunstâncias aniquila a criatividade da paciente e é traumática, no sentido de que se opõe ao processo de maturação" (117).

Veja-se, portanto, que não se trata aí de substituir um rosto por outro rosto ou um olhar por outro olhar. Isso implicaria, necessariamente, uma realienação no rosto, nos olhos, no desejo de um outro "outro" cuja imagem, impondo-se agora ao sujeito, impõe também um novo descentramento do sujeito, um retraumatismo, como diria Ferenczi[23], determinando uma nova falsificação da sua experiência de relação com o mundo e com os múltiplos outros que o povoam. Sobre este equívoco na atitude clínica e na operacionalização da

---

[21] Bakhtin, M. (1992) *Estética da criação verbal*. Martins Fontes, São Paulo.
[22] Acerca das formas denotadas e conotadas da imagem, ver Barthes, R. (1982) *Lo obvio y lo obtuso*. Paidos, Buenos Aires, 1992 (capítulos 1 e 2).
[23] Ver "Ferenczi em Winnicott", em Graña, R. (2007) *Origens de Winnicott*. Casa do Psicólogo, São Paulo.

técnica analítica incide a aguda crítica de Lacan dirigida à psicologia do ego, na qual a realidade pessoal do analista pretende servir de metro para a visão mais "realística" da vida que o paciente deverá "terapeuticamente" desenvolver, e onde a desejável identificação do segundo com a *imago* e a cosmovisão do primeiro determinarão, supostamente, toda a eficácia clínica do tratamento em questão.

Na seqüência de seu escrito Winnicott parece, porém, coincidir com Lacan em que a tarefa do analista "não consiste em fazer interpretações inteligentes e adequadas; em geral trata-se de devolver ao paciente, a longo prazo, o que este traz. É um complexo derivado do rosto que reflete o que está lá para ser visto. Eu gosto de pensar o meu trabalho desse modo, e creio que se o faço suficientemente bem o paciente encontrará seu próprio *self* e será capaz de existir e de sentir-se real" (p.117) – sendo a "complexidade" aqui referida pelo autor um detalhe fundamental.

Não parece ainda estar bem claro, entretanto, que o analista não opera como um espelho propriamente (e por isso Lacan ordena-lhe que engula o seu *dasein* ao exercer a psicanálise) e não devolve ao paciente aquilo que ele efetivamente é, mas ajuda-o a remover de si as estampagens, os decalques, as impressões precocemente estabelecidas por um espelho que, por mais empático e adequado do ponto de vista do cuidado oferecido ao *infans*, não se furtou de impregná-lo de expectativas, sugestões e injunções que o humanizaram mas também o afastaram de si, de si mesmo, *self* espontâneo que a experiência analítica pretenderá produzir, ou fazer acontecer (no sentido do *ereignis* heideggeriano) e que deverá assumir uma forma suficientemente autêntica como para que o próprio analista se surpreenda com a sua autonomia e com a *diferença* entre esta imagem em devir e a que ele próprio eventualmente sonhou, "imaginarizou", como uma fantasia ou como um ideal de cura para o seu analisando.

Diante disto, parecerá dispensável a observação final de Winnicott de que numa família suficientemente integrada e coesa todas as crianças se beneficiam do modelo que cada um de seus membros lhes oferece e que "podemos incluir aqui os espelhos reais que existem na casa e as oportunidades que tem a criança de ver os pais e outros olharem-se em espelhos. Mas é preciso entender que o espelho real tem importância antes de tudo em seu sentido figurativo" (p.118). Não é outra coisa o que pretendi demonstrar ampliando as margens do escrito de Lacan sobre o *estádio do espelho*, de forma a evitar uma inconveniente interpretação deste e as críticas que o próprio texto pode favorecer ao ser recortado da obra de Lacan e tomado como a totalidade de sua conceituação da especularidade e do imaginário.

As possíveis más interpretações podem advir inclusive de uma leitura lacaniana estritamente "estruturalista", onde as noções de espontaneidade, experiência e autenticidade poderão não encontrar lugar. O compromisso estruturalista, de alguma forma assumido pelo texto e pelo discurso de Lacan a partir de meados dos anos cinqüenta, nunca operou de forma escolástica sobre si mesmo como sobre os seus seguidores; encontraremos sempre em Lacan algumas marcas da sua matriz fenomenológica que lhe permitirão encaminhar seu pensamento no sentido de um pós-estruturalismo, nos anos setenta – à semelhança de Barthes em seu reencontro com a fenomenologia – e que se farão reconhecer, por exemplo, na sua recusa da expressão "terapia psicanalítica" à qual opôs a "experiência da análise", deixando implícito que se a análise opera de forma eficaz, restituindo o sujeito à verdade de seu desejo, o faz através de uma ressignificação que é sobretudo vivencial.

Que o Lacan aqui redescrito assuma uma feição mais winnicottiana, deleuziana ou bartheana do que a que um analista lacaniano poderia conceber, ou mesmo tolerar, implica um *uso de objeto* que Winnicott não somente autorizou como incentivou, um Lacan que talvez criei para mais proveitosamente utilizá-lo, para fazê-lo trabalhar, para vivificá-lo teoricamente, desconstrutivamente, para melhor servir-me de sua obra em uma perspectiva ontológica e epistemológica na qual o analista que consegui ser se sintetizou.

Referências

Bakhtin, M. (1992) *Estética da criação verbal*. São Paulo, Martins Fontes.

Barthes, R. (1992) *Lo obvio y lo obtuso*. Buenos Aires, Paidos.

Deleuze, G. (1969) *Lógica do sentido*, São Paulo, Perspectiva, 2000.

Graña, R. (2007) Ferenczi em Winnicott. In: *Origens de Winnicott*. São Paulo, Casa do Psicólogo.

Graña, R. (2007) Berkeley e Winnicott. In: *Origens de Winnicott: ascendentes psicanalíticos e filosóficos de um pensamento original*. São Paulo, Casa do Psicólogo.

Graña, R. (2007) *Origens de Winnicott: ascendentes psicanalíticos e filosóficos de um pensamento original*. São Paulo, Casa do Psicólogo.

Lacan, J. (1932) *De la psychose paranoïaque dans sés rapports avec la personnalité*. Paris, Du Seuil, 1975.

Lacan, J. (1936) Au-delà du "Principe de réalité". *Écrits I*. Paris, Du Seuil, 1999.

Lacan, J. (1938) *Os Complexos Familiares*. Rio de Janeiro, Jorge Zahar, 1985.

Lacan, J. (1948) L'agressivité em psychanalyse. *Écrits I*. Paris, Du Seuil, 1999.

Lacan, J. (1949) Le stade du miroir. *Écrits I*. Paris, Du Seuil, 1999.

Lacan, J. (1950) Introduction théorique aux fonctions de la psychanalyse en criminologie. *Écrits I*. Paris, Du Seuil, 1999.

Lacan, J. (1953-54) *Les écrits techniques de Freud*. Paris, Du Seuil, 1975.

Roustang, F. La eficacia del psicoanálisis. Proto 3, Técnica 2, GEPP, s.d.

Winnicott, D.W. (1941) The observations of infants in a set situation. In: *Through paediatrics to psycho-analysis*. New York, Bruner/Mazel, 1992.

Winnicott (1945) Primitive emotional development In: *Through paediatrics to psycho-analysis*. New York, Bruner/Mazel, 1992.

Winnicott, D.W. (1958) The capacity to be alone. In:*The maturational processes and the facilitating environment.* Madison, IUP, 1996

Winnicott (1960) *Ego distortions in terms of true and false self.* In: *The maturational processes and the facilitating environment.* Madison, IUP, 1996.

Winnicott, D.W. (1963) Communicating and not communicating leading to a study of certain opposites. In: *The maturational processes and the facilitating environment.* Madison, IUP, 1996.

Winnicott, D.W. (1963) Morals and education. In: *The maturational processes and the facilitating environment.* Madison, IUP, 1996.

Winnicott D.W. (1967) Mirror-role of mother and family in child development. In: *Playing and reality.* London, Routledge, 1997.

Winnicott, D. W. (1987) *The spontaneous gesture.* Cambridge, Massachusetts and London, Harvard University Press.

2

As obras do espelho: mutualidade, comunicação silenciosa e identificações cruzadas

Mutualidade não é exatamente um conceito winnicottiano. Já em 1939 Alice Balint[1] apontava sua vigência na obra de Ferenczi, autor que tão profunda e silenciosamente, por assim dizer, influenciou o desenvolvimento teórico-clínico de Winnicott (conforme demonstrei em outro lugar[2]). Alice Balint comparou o tipo de satisfação conjuntamente obtida por mãe e bebê, em sua relação efusiva, com a dos amantes no intercurso sexual. Afirmou textualmente que "a relação entre a mãe e a criança é construída sobre a interdependência de metas sexuais instintivas", lembrando que o "que Ferenczi dizia de homem e mulher no coito mantinha-se verdadeiro para a relação mãe-bebê. Ele propunha que no coito não se coloca a questão de egoísmo ou altruísmo, há somente mutualidade.i.e. o que é bom para um é certo para o outro" (p.101).

A utilização do conceito por Winnicott, em um artigo de 1969, "A experiência de mutualidade mãe-bebê"[3], é posterior também a sua descrição e emprego no volumoso estudo de Bettelheim sobre a psicogênese e o tratamento dos estados autísticos da criança, *A fortaleza vazia*, em 1967[4]. Na verdade Winnicott não o utilizaria nem antes nem depois do artigo referido, recorrendo comumente a

---

[1] Balint, A. (1939) Love for the mother and mother love. In: *Primary Love and Psycho-Analytic Technique.* London, Butler & Tanner, 1965.
[2] Graña, R. (2007) *Origens de Winnicott:ascendentes psicanalíticos e filosóficos de um pensamento original*.São Paulo, Casa do Psicólogo.
[3] Winnicott, D.W. (1969) The mother-infant experience of mutuality. In: *Psycho-Analytic Explorations*. HUP, Cambridge, Massachusetts.
[4] Bettelheim, B. (1967) *A Fortaleza Vazia*. Martins fontes, São Paulo, 1987.

noções como adaptação, empatia, interdependência, espelhamento, comunicação silenciosa e identificações cruzadas para referir-se à reciprocidade ou à complementaridade na interação mãe-bebê.

Como Winnicott costumava, porém, apropriar-se criativamente de conceitos que encontrava de utilidade para o desenvolvimento de suas próprias ideias – ou seja, alterava-lhes ligeiramente o significado a fim de ajustá-los a sua teorização ou de melhor *usá-los*, no sentido atribuído a este termo em seu último grande ensaio teórico, "O uso de um objeto e a relação através de identificações", de 1968[5] – é conveniente que possamos comparar e contrastar a sua utilização formal por Bettelheim com o seu uso eventual por Winnicott que, de outro modo, empregou-o incidentalmente num contexto em que igualmente lhe serviriam alguns dos conceitos anteriormente mencionados.

Bettelheim refere-se a Winnicott em diferentes momentos de seu livro, mas mais especificamente no capítulo 2, intitulado "Onde começa o eu". A descrição que Bettelheim faz do bebê humano é reiteradamente a de um ser essencialmente ativo. Ele critica a tendência da psicanálise "a encarar a primeira infância como uma época de passividade, como uma idade de narcisismo primário, em que experimentamos o eu como sendo tudo", pois "assim, a psicanálise cria seu próprio mito da idade dourada do lactente, quando todos os seus desejos estão a cargo dos outros e ele não pretende nem necessita fazer algo por si próprio"[6].

Conforme Bettelheim, nós tendemos a ver o bebê como indefeso e frágil e isto nos leva a julgar que ele é por isso também passivo. Mas, embora esse ponto de vista pareça ser objetivamente correto, ele é mais provavelmente uma fantasia que construímos acerca da vida íntima do bebê e não esclarece nada acerca da experiência subjetiva e psicológica do bebê no mundo humano.

---

[5] Winnicott, D.W. (1968) The use of an object and the relation through identifications. *Playing and Reality.* Tavistock, London, 1971.
[6] P.17.

Opondo-se a estas formas qualificadas de "projetivas" de descrição do ser do bebê, escreve Bettelheim, fundamentando-se nos dados de uma observação pretensamente mais atenta e arguta:

> Contrariando tais pontos de vista, acredito, por exemplo, que durante a amamentação o bebê é eminentemente ativo com relação ao que, em sua vida, significa um acontecimento central. Nesse momento é possível que não sinta que está movendo montanhas, mas que as suga até a última gota. Considerar tal experiência como anaclítica, como profundamente passiva, contraria a experiência do lactente. Pois para ele, não é sua dependência real que conta, mas a convicção de que seus esforços são monumentais.[7]

É comum observarmos o bebê fatigado e satisfeito após este esforço certamente ativo, o que, aliado à serenidade produzida pela ausência da tensão pulsional, costuma conduzi-lo ao sono rapidamente. É a plenitude paradisíaca que nunca deixamos de assegurar e, às vezes, até mesmo de invejar ao bebê – o fato de estar desfrutando agora daquilo que fantasiamos ter vivido um dia e do que, ao crescer, fomos privados definitivamente. Opondo-se também à concepção da atividade do bebê na amamentação como consistindo essencialmente em uma busca de satisfações orais – autoconservativas e libidinais – e atentando sutilmente para o que Winnicott denomina "continuidade do ser do bebê no tempo", Bettelheim caracteriza a amamentação como

> uma experiência complexa, em que a verdadeira sucção e ingestão de alimento não passam de uma parte muito significativa; há outros aspectos dela que também tem importância. Se o bebê é segurado com suavidade ou com rigidez; com segurança ou com ansiedade; se é cuidadosamente escutado ou emocionalmente ignorado – tudo isso e muito mais fá-lo-ão sentir-se confortável ou desconfortável no momento e irão influenciar seu desenvolvimento posterior[8].

---

[7] Ibidem.
[8] P.19.

Aquilo que, efetivamente, constitui a experiência de mutualidade, para Bettelheim, é sobretudo o fato de que as necessidades físicas e narcísicas de mãe e bebê sejam coincidentes, complementares e produzam/obtenham satisfação recíproca, o que faz do aleitamento "uma experiência emocional na qual a ação combinada, envolvendo duas pessoas em razão de seus interesses pessoais respectivos, leva à supressão da tensão e à satisfação emocional de ambos"[9]. Buscando melhor exemplificar a mutualidade a partir da ocorrência de ações combinadas, no contexto da experiência da alimentação, escreve Bettelheim:

> Para que a amamentação seja plenamente satisfatória, a criança deverá sentir fome, e a mãe, desejar aliviar o intumescimento do seio provocado pelo acúmulo de leite. Sendo assim, tanto a sucção do bebê como a amamentação da mãe agirão no sentido de aliviar uma tensão física e também satisfazer uma necessidade emocional. Esse processo de mutualidade é muito superior à ação comum para um objetivo externo e contém tudo o que é essencial para uma relação verdadeiramente íntima e pessoal. Pois é principalmente nas relações pessoais que tanto a realização externa como a satisfação interior resultam de uma ação combinada[10].

Esta parece ser, portanto, a expressão central na descrição da mutualidade em Bettelheim – como já o era em Ferenczi –, que ela implique sempre uma *ação combinada*. Ele destaca que, quando a atividade do bebê é permitida e encorajada, seus movimentos expressivos constituem formas de comunicação que evidenciam a aprovação da atitude materna e estimulam a mãe, aumentando a confiança dela em si mesma e no cuidado que é capaz de prover a seu bebê. De outra parte, quando a mãe contraria o esforço do filho para fazer as coisas sozinho, a mutualidade fica bloqueada e a atividade do bebê é inibida. Esta inibição pode não se restringir a

---
[9] P. 22.
[10] Ibidem.

uma ação específica, mas indicar uma restrição mais geral da atividade do bebê na relação com o ambiente. Em seus extremos, tal inibição pode implicar inclusive, segundo Bettelheim, a desistência da criança de agir autonomamente e de afirmar o seu eu perante o mundo, podendo conduzi-la até mesmo a um recolhimento autístico. Para ele, a falha da mutualidade poderá, eventualmente, ser fatal.

Bettelheim ilustra a oportunidade para o aparecimento espontâneo da relação mutual entre o bebê e a mãe, e o risco de que a mutualidade seja desencorajada, com a descrição de uma cena que talvez parte de nós – especialmente pais e mães – tenha tido já a oportunidade de presenciar:

> Por exemplo, numa fase posterior da infância a criança poderá tentar agarrar a colher com que a mãe a alimenta, e experimentar a firmeza – talvez até suave – com que ela lhe afasta as mãos a fim de evitar que a comida espirre ou que a refeição se prolongue demais. A criança não só será frustrada na tentativa de agir por sua própria iniciativa, mas também no esforço para tentar converter a alimentação num processo mútuo. E se, além disso, a mãe limpar cuidadosamente sua boca após cada colherada, – embora o faça com suavidade – a criança registra de novo que ela reprova a maneira como come.[11]

Ou seja, a não coincidência das necessidades, interesses ou preconceitos da mãe com as necessidades narcísicas e movimentos autônomos da criança rompe a experiência de mutualidade e conduz ao afastamento ou à falsificação da experiência intersubjetiva, com a possível constituição de um *self* inautêntico que, como mostrou Winnicott, constrói-se com base na complacência (*compliance*) e ocasiona a desvitalização do *self* espontâneo original (*core self*).

Embora se refira algumas vezes a Winnicott, como realcei antes, e especificamente ao seu reconhecimento da importância de a mãe satisfazer as necessidades iniciais do bebê adaptando-se vivamente a ele (*alive adaptation*), Bettelheim dirige-lhe uma crítica, a meu ver

---

[11] P.24.

pouco fundamentada, a qual parece atender mais a uma necessidade sua de ser original do que derivar-se de um conhecimento insuficiente da obra de Winnicott – o que é com certeza muito menos provável.

Após citar uma passagem do artigo clássico de Winnicott sobre os objetos e fenômenos transicionais, na qual o autor enfatiza a necessidade de uma adaptação inicial quase completa da mãe, que sustente o ser e a ilusão de onipotência do bebê no tempo, assegurando assim que este possa, posteriormente, tolerar a frustração decorrente da desterritorialização introduzida pelo *negative care*[12], Bettelheim acrescenta:

> A despeito do exposto anteriormente, julgo que Winnicott encara o lactente como muito passivo nesse processo de adaptação. É verdade que grande parte da adaptação deverá partir da mãe; a princípio quase toda deverá partir dela. Mas também o bebê é ativo desde o início e desde o início se adapta. A questão nesse caso é mãe e filho se adaptarem de formas radicalmente distintas. A mãe adapta-se ao filho e o ideal é sua adaptação culminar na satisfação das necessidades de ambos. Por outro lado o lactente adapta-se apenas a seus próprios fins, apenas pelos mais limitados meios e sem qualquer consideração pelas necessidades da mãe. Quanto ao resto, Winnicott está correto: o crescimento ocorre porque também o bebê começa lentamente a adaptar-se à mãe[13].

Poder-se-ia postular que Bettelheim, que cita apenas um texto de Winnicott ao longo do seu volumoso estudo, não deu a devida atenção ou não significou adequadamente a afirmação de Winnicott sobre o paradoxo da "criatividade primária". Winnicott diz que "o seio é criado pelo bebê repetidas vezes, por sua capacidade de amar (pode-se dizer) ou por sua necessidade (...) A mãe coloca o seio real exatamente ali onde o bebê está pronto para criá-lo, e no momento

---

[12] O retorno da mãe à relação com outros objetos, lugares e atividades que voltam a ser importantes para ela, como o marido, os amigos, o trabalho, o cuidado consigo, etc. com a conseqüente introdução de frustrações dosadas na experiência de plenitude inicial do bebê.
[13] P.30.

certo"[14]. Não se trata, pois, de adaptação do bebê a nada, mas de pura criatividade, de imanência. Está igualmente errado dizer que o bebê adapta-se a seus próprios fins utilizando-se de meios limitados e sem consideração pelas necessidades da mãe. O bebê não se adapta a seus próprios fins, ele os cria, inventa-os, pontualmente. Ele não se utiliza também de meios limitados, ele ilusiona, e a capacidade de ilusionar, de iludir-se, com a cumplicidade materna, é o meio privilegiado de que usufrui em tal situação. O bebê, da mesma forma, não desconsidera as necessidades da mãe, eles (bebê-mãe) são simplesmente tudo o que existe, constituem um "Uno" circunstancial denominado por Winnicott de "unidade-dual". Nas palavras do próprio Winnicott, nesta situação "não há intercâmbio entre a mãe e o bebê (*infant*). Psicologicamente, o bebê toma de um seio que é parte do bebê e a mãe dá leite a um bebê que é parte dela mesma. Em psicologia a ideia de um intercâmbio está baseada em uma ilusão do psicólogo"[15].

Pretender, portanto, atribuir atividade ou passividade como característica de uma ou de outra parte é obliterar o detalhe de que não há ainda aqui duas partes, há apenas o ser, *o ser em situação*. A propósito da relação ilusional e do objeto transicional é conveniente, portanto, como sugere Winnicott, que nunca se formule a pergunta sobre seu lugar de origem, se provém do interior ou do exterior; tais noções são efetivamente preconceitos do observador, disposições geográficas ou categorias topológicas que não possuem sentido algum na experiência original do bebê. A espetacularização de uma atitude ativa ou passiva, na mãe ou no bebê, evidenciará mais freqüentemente uma perturbação desta relação. Se ela se desenvolve suficientemente bem, a sinergia interacional será sua mais evidente qualidade estética, sendo supérfluo ou impossível apontarmos quem está sendo ali mais ou menos ativo ou quem esta realizando um esforço maior de adaptação.

---

[14] Winnicott, D.W. ((1951) Transitional objects and transitional phenomena. *Playing and Reality*. London and New York, Routledge, 1992. (p.11).

[15] Ibidem, p.12.

Logo veremos, entretanto, que Winnicott e Bettelheim mais convergem do que divergem com relação à importância da mutualidade na construção das primeiras pontes do bebê com a nossa *rerum natura*, a realidade compartilhada pelos humanos. Winnicott chamou atenção para o efeito desastroso que poderá ter para o bebê o fato de que um *gesto espontâneo* seu não seja empática e pontualmente correspondido pelo ambiente. O risco de que esse gesto caísse no vazio, e de que o próximo gesto perdesse parte importante da sua vitalidade original, e de que o que o sucedesse fosse ainda mais tímido, denotaria um processo de mortificação do *self* criativo e espontâneo dando lugar a um *self* reativo, este sim adaptativo, que se ocuparia de sobreviver na eventualidade de o ajuste ao padrão da mãe – seja ele obsessional, caótico ou tantalizante – ser a única possibilidade de sobrevivência psíquica para o bebê nesses tempos/ lugares tão difíceis.

Winnicott inicia o seu o artigo sobre a mutualidade[16] apontando criticamente para o fato de que a investigação psicanalítica demorou muito tempo para lançar luz sobre esta área obscura da "experiência viva", porque esteve por muitas décadas às voltas com explicações que remetiam sempre ao complexo de Édipo e às fases libidinais e se apropriavam às perturbações do desenvolvimento de crianças que chegaram a ser pessoas totais, *selves* integrados ou *in-divíduos* propriamente ditos. Nas palavras de Winnicott, "o psicanalista esteve sempre travando uma batalha em favor do indivíduo, contra aqueles que atribuíam os problemas à influência ambiental", porém, com a necessidade de investigar o desenvolvimento emocional inicial, denominado pré-edípico ou pré-genital, "gradualmente o inevitável aconteceu e os psicanalistas, levando consigo sua crença exclusiva na importância dos detalhes, tiveram de começar a examinar a dependência, isto é, os estágios iniciais do desenvolvimento da criança humana, quando a dependência é tão grande que

---

[16] Winnicott, D.W. (1969)The mother-infant experience of mutuality. In: *Psycho-Analytic Explorations*. HUP, Cambridge, Massachusetts.

o comportamento daqueles *que representam o meio ambiente não podia mais ser ignorado*"[17].

A abordagem de Winnicott atem-se, sobretudo, ao estágio do desenvolvimento que ele denomina de "dependência absoluta", que indica a condição inicial do bebê tão logo é introduzido no mundo humano, na medida em que o bebê é, desde o início, o que os fenomenólogos denominam um *mit-sein*, um ser-com. Por isso, em sua perspectiva, o ambiente possui originalmente tamanha importância, por ser parte indistinguível do próprio bebê. O filhote humano não pode ser considerado unicamente a partir do potencial genético-hereditário que traz consigo. "Ele é um fenômeno complexo que inclui o seu potencial *mais* o seu ambiente". O *ambiente médio esperado* ou *ambiente facilitador,* no dizer de Winnicott, implica naturalmente uma mãe que, por encontrar-se num estado psíquico regredido, ao qual Winnicott denomina *preocupação materna primária*, é capaz de estar sensível e atenta a sinais que lhe comunicam as necessidades biológicas e narcísicas de seu bebê e de atendê-las na forma e no tempo certos, evitando que ele seja traumatizado por eventuais descompassos ou mal-entendidos na comunicação – basicamente semiótica – que seriam responsáveis pela ausência ou pela perda da mutualidade.

À semelhança de Bettelheim, Winnicott está atento à sutileza e à complexidade da experiência da amamentação, e mais do que à mera ingestão de leite e satisfação das necessidades físicas do bebê, dirige a sua atenção para a comunicação silenciosa (*silent communication*) que acompanha ou não a experiência alimentar. Ele diz que "o que precisamos saber mais é sobre a comunicação que ocorre ou não ocorre juntamente com o processo alimentar", apontando a troca de olhares que acontece entre o bebê e a mãe desde as semanas iniciais como extremamente importante: "É difícil estar seguro destas questões pelo instrumento da observação de bebês, embora possa-se ver que alguns bebês olham o rosto da mãe de uma forma significativa mesmo nas primeiras semanas. Com 12 semanas, entretanto, os

[17] P.251

bebês podem dar-nos informações a partir das quais nós podemos mais do que supor que a comunicação é um fato"[18].

Enfatizando especialmente a troca de olhares entre bebê e mãe desde o começo, o mirar-se do bebê nesse primeiro espelho que é o rosto da mãe – e poder-se-ia dizer, à semelhança do que afirma Winnicott sobre a primeira mamada hipotética, que *o primeiro espelhamento é uma soma de muitos espelhamentos*, uma síntese ativa e passiva da experiência de olhar e ser olhado –, Winnicott descreve uma cena, com a qual ilustra a experiência de mutualidade, e que é também referida e utilizada por Bettelheim com essa mesma finalidade. Vejamos o exemplo relatado por Winnicott:

> Embora os bebês normais variem consideravelmente em seu ritmo de desenvolvimento (especialmente quando medido através de fenômenos observáveis), pode-se dizer que com 12 semanas eles são capazes de brincar da seguinte forma: colocado para mamar, o bebê olha para o rosto da mãe e sua mão se levanta, e assim, no brinquedo o bebê está amamentando a mãe por meio de um dedo que coloca na sua boca[19].

Winnicott considera que embora todos os bebês sejam alimentados por suas mães, a comunicação entre a mãe e o bebê só acontece efetivamente a partir do desenvolvimento de uma situação de alimentação mútua. Se isto só é claramente observável a partir da 12ª semana de vida, é possível que ocorra, porém, de uma forma mais sutil e obscura, bem antes disso. Winnicott significa essa troca de gestos que ocorre junto – e logo independentemente – da satisfação instintiva como um brinquedo, uma experiência de mutualidade que é resultante das identificações cruzadas (*cross identifications*), as quais constituem uma importante conquista desenvolvimental por demarcarem o começo da individuação. O que poderemos, então, observar são manifestações de gestos espontâneos intercambiados, que partem do verdadeiro *self* do bebê e convocam o verdadeiro

---
[18] P.255.
[19] Ibidem.

self da mãe para sustentar ativamente esta circularidade prazerosa e constitutiva.

Bettelheim recorrerá a essa mesma cena, utilizando um relato de Spitz (1962) – o qual se referiu à mutualidade como a "troca circular de ação carregada de afeto entre mãe e filho" – para ilustrar a mutualidade com uma descrição em tudo semelhante à de Winnicott. Conforme Bettelheim, Spitz

> usa o exemplo de "uma mãe introduzindo o bico da mamadeira na boca de seu bebê de sete meses de idade. Este corresponde colocando o dedo na boca da mãe; ela responde roçando os dedos do filho com os lábios, após o que ele brinca com os dedos e ela responde com um sorriso; nesse lapso de tempo, ele olha fixamente para o rosto dela com profunda atenção"[20].

É interessante enfocar ainda este mesmo fenômeno desde uma perspectiva lacaniana, que utilizando-se de outra linguagem e distendendo o sentido que lhe é atribuído por Winnicott e Bettelheim, encontra neste interjogo dos signos um indicativo da passagem para um novo tempo do circuito pulsional. Marie-Christine Laznik, psicanalista brasileira radicada na França e pesquisadora destacada do Centro Alfred Binet, de Paris, refere-se a estes movimentos compartilhados entre bebê e mãe como conotativos do que denomina de *terceiro tempo pulsional oral*. Num primeiro tempo o bebê suga o seio e ingere o leite para satisfazer uma urgência biológica. No segundo tempo ocorre a erotização deste ato, por *étayage*, e o bebê suga o seio ou os dedos ou outro objeto extraindo disso um prazer sensual – é o começo do autoerotismo infantil. O terceiro tempo evidenciará o uso erótico do corpo, pelo bebê, para a promoção do gozo do Outro. É aqui que a mutualidade efetivamente se espetaculiza. O bebê deleita-se agora com o prazer que é capaz de produzir. Ele estenderá um dedo do pé, ou da mão, em direção à boca da mãe e ela fingirá que o engole, ou que o morde, ou abanará o nariz com se

---

[20] P.22.

ele cheirasse mal – em meio às gargalhadas de ambos –, insistindo o bebê em repetir o movimento para mais uma vez obter o mesmo efeito. Agora é o bebê que se faz sugar e morder, ele se oferece como objeto do gozo da mãe, que por sua vez o erotiza. A não ocorrência do terceiro tempo pulsional oral pode ser um indicador de risco de desenvolvimento autístico no bebê, segundo Laznik, o que reafirma e concorda com a afirmação de Bettelheim de que a falha na mutualidade pode chegar ser fatal[21].

Para Winnicott, na experiência de mutualidade o bebê exercita seu potencial herdado e suas tendências inatas para o desenvolvimento, e a mãe, pela situação psíquica especial em que se encontra, adapta-se às necessidades do bebê tornando real aquilo que ele está pronto para criar. O que o bebê está pronto para criar, diz-nos Winnicott, é o objeto satisfaciente das suas necessidades – sempre físicas e narcísicas, sempre biológicas e psicológicas –, mas esse objeto que o bebê cria não é tanto um objeto como é um meio, no sentido winnicottiano e, se quisermos, deleuziano[22]; não é propriamente um objeto, não é uma representação de objeto, não é um "outro" efetivamente, é um objeto subjetivo, o *mesmo* marcado pela *diferença*, uma *quase* alucinação, que corresponde a uma adaptação *quase* completa da mãe (a mãe *suficientemente* boa), um eu introjetivo, de acordo com o conceito original de introjeção de Ferenczi[23], que se verte sobre um mundo que não se antecipa ao seu ato, embora o preceda, e que é o que ele cria no próprio ato de verter-se (mundo/meio que é produto de um *fluxo* ou *agenciamento territorializante*, se assim quisermos formular, ainda em sintonia com a perspectiva de Deleuze[24]).

No segundo exemplo que apresenta em seu artigo sobre a mutualidade, Winnicott refere-se a um menino de seis anos que, em uma consulta terapêutica, lhe teria comunicado algo sobre os estados de

---

[21] Cf. Laznik, M.C. (2006) PréAut: une recherche et une clinique du très precoce. In: *Contraste – Enfance et Handicap*. Revue de L'ANECAMSP. n° 25.
[22] Nesse sentido ver Deleuze, G. (1993) *Crítica e Clínica*. Ed. 34. São Paulo, 1997.
[23] Ferenczi, S. (1912) O conceito de introjeção. *Obras Completas I*, Martins Fontes, São Paulo, 1991.
[24] Ver Deleuze, G. (1980) *Mil Planaltos*. Assírio &Alvim, Lisboa, 2004.

ausência (sono) de sua mãe ao segurá-lo no colo, no início do seu segundo ano de vida. A mãe era uma mulher depressiva e tendia a adormecer com freqüência, o que implicava em fracassos repetidos do filho ao tentar estabelecer a comunicação com ela nesses momentos de retraimento. Que Winnicott tenha conseguido desatar este nó, em uma única conversa com o menino, possibilitou um trabalho terapêutico continuado, por parte deste, que liberou o curso posterior de seu desenvolvimento de forma decisiva.

O terceiro exemplo apresentado por Winnicott trata de perturbações remanescentes da perda da mutualidade na infância inicial em uma mulher de meia-idade; perda comunicada por suas demandas freqüentes de contato físico com o analista, com quem ela tentava reviver e resolver aquela situação pendente. Em uma sessão particularmente difícil, Winnicott precisou conter fisicamente essa paciente – que se encontrava em um estado regredido – e acabou com a cabeça dela em suas mãos:

> Sem uma ação deliberada por parte de algum de nós, desenvolveu-se um ritmo de balanceio. O ritmo era bastante rápido, cerca de 70 bpm, e eu tive algum trabalho para adaptar-me a esta freqüência. Entretanto, ali estávamos nós com a *mutualidade* expressa em termos de um leve mas persistente movimento de balançar. Nós estávamos nos *comunicando* um com o outro sem palavras. Isto estava tendo lugar em um nível do desenvolvimento que não requeria que a paciente tivesse mais maturidade do que aquela que possuía na regressão à dependência daquela fase de sua análise[25].

A comunicação sem palavras, ou silenciosa, é a predominante nos estágios iniciais da vida emocional do bebê e é perfeitamente compatível com tudo o que Winnicott escreveu desde os anos quarenta, a partir de "A observação de bebês em uma situação determinada" (1941)[26], mas o conceito de comunicação silenciosa é introduzido

---

[25] P. 258.

[26] Winnicott, D.W. (1941) The observation of infants in a set situation. In: *Trough Paediatrics to Psycho-Analysis.* Brunner/Mazel, New York, 1992.

por Winnicott somente na década de sessenta, em seu belo ensaio "Comunicar e não comunicar levando ao estudo de certos opostos" (1963)[27] e será desenvolvido principalmente em dois importantes escritos da maturidade: "O papel de espelho da mãe e da família no desenvolvimento da criança" (1967)[28] e "A comunicação entre o bebê e a mãe e entre a mãe e o bebê, comparada e contrastada" (1968)[29].

A forte influência da fenomenologia sobre a atitude teórico-clínica de Winnicott levou-o a conceder uma importância maior a noções como *vivência* e *empatia* e a significar diferentemente de outros autores o *silêncio* no desenvolvimento pessoal e na experiência da análise – isto que, segundo um autor como Lacan, poderá ser de absoluta inutilidade para o psicanalista.

Com o silêncio, a vivência e a empatia o analista lacaniano nada poderia fazer, porque tais estados introspectivos se encerrariam no real ou no imaginário. Mas o imaginário passível de ser analisado, para Lacan, será cada vez mais no curso de sua obra apenas o que está mediado pelo discurso e, por conseguinte, emoldurado pelo simbólico. Quando Lacan propõe, nos anos cinqüenta e sessenta, que o sujeito se constitui a partir do desejo do Outro, que seu desejo é o desejo do Outro, ele se refere principalmente a um desejo que se anuncia por significantes lingüísticos, verbais; são estes que estruturarão o inconsciente do sujeito como uma linguagem. Portanto, especificamente com referência a este ponto, a menos que estejamos de acordo com Dolto em que "tudo é linguagem" – e isto incluirá tudo que é de natureza tônica, fisionômica, gestual, icônica, tudo o que é de qualidade semiológica –, deveremos situar Winnicott como um antípoda do Lacan estruturalista.

---

[27] Winnicott, D.W. (1963) Communicating and not communicating leading to a study of certain opposites. *The Maturational Processes and the Facilitating Environment*. IUP, Madisson, 1996.
[28] Winnicott, D.W. (1967) Mirror-role of mother and family in child development. In: *Playing and Reality*. Routledge, London and New York, 1989.
[29] Winnicott, D.W. (1968) A comunicação entre o bebê e a mãe e entre a mãe e o bebê, comparada e contrastada".in: *Os Bebês e suas Mães*. Martins Fontes, São Paulo, 1988

Nosso esforço continuado para colocar em cotejo essas duas obras e em diálogo estes dois autores tem por condição que concedamos uma atenção especial à fase fenomenológica[30] de Lacan; digamos, aos primeiros vinte anos, os quais compreendem toda a reflexão que se apóia nas noções de espelhamento, identificação, intersubjetividade, conhecimento paranóico, corpo despedaçado e agressividade. O Lacan estruturalista, estrito senso, o da primazia do significante e da intervenção exclusiva sobre o discurso, é não só de difícil aproximação teórica com Winnicott, mas também com os filósofos pós-estruturalistas como Deleuze e Derrida.

Em um breve escrito de três páginas, também do final da década de sessenta, intitulado "A influência do desenvolvimento emocional sobre os problemas de alimentação" (1967)[31], Winnicott explicita uma posição que o coloca em franca oposição a Lacan – num momento em que as relações entre os dois estavam já estremecidas devido ao não comparecimento de Winnicott à jornada sobre as psicoses infantis, organizada por Maud Mannoni com o apoio de Lacan. Neste escrito, Winnicott dizia que "se uma mãe procura um livro ou uma pessoa em busca de esclarecimento e tenta aprender o que ela tem de fazer, nós já nos perguntamos se ela é indicada para a tarefa. Ela tem de saber isso em um nível mais profundo e não necessariamente naquela parte da mente que tem palavras para tudo. *As coisas mais importantes que uma mãe faz com o bebê não podem ser feitas através de palavras*"[32].

Para Winnicott, a comunicação que ocorre em estágios primitivos do desenvolvimento ou em estados regredidos durante a análise assume a forma da comunicação silenciosa, e "essa comunicação só se torna ruidosa quando fracassa". A comunicação inicial é, portanto, silente ou traumática; se silenciosa, indica a presença

---

[30] Após a minha apresentação no Primeiro Encontro Internacional Winnicott-Lacan, realizado em Londres no mês de maio de 2008, Marie-Christine Laznik disse-me que, por falta de referência melhor, costumava designar esta fase, até então, como a do "Lacan gestáltico".

[31] Winnicott, D.W. (1967)The bearing of emotional development on feeding problems. *Thinking About Children*. Karnack, London, 1996.

[32] P.41.Os itálicos são meus.

da confiabilidade (*reliability*), é uma forma de comunicação que denota que o bebê está sendo protegido de eventuais perturbações e invasões ambientais pela ação da empatia materna e pelos cuidados que a mãe assume com o narcisismo do bebê, i.e. com a sustentação empática e contínua do ser do bebê no mundo e no tempo. A *einfühlung* (empatia), conceito tão caro e necessário para Husserl e Merleau-Ponty, não poderia ser descartada de forma ligeira, pelo discurso estruturalista, com a utilização de um argumento que não deixa de assemelhar-se ao behaviorista, o de que por referir um fenômeno introspectivo não pode ser verificado ou precisado com palavras – enfim, de que não é articulável, não está no simbólico. A perda da dimensão existencial no estruturalismo contribuiu para que a tentativa de afastar maximamente tudo o que fosse de ordem empírica acabasse por produzir um outro empirismo, ao qual poderíamos denominar de "empirismo do texto", ou do discurso. Este excluiu o prazer, a paixão, o amor, o ódio, as emoções em geral do campo da linguagem, introduzindo uma perigosa impessoalidade asséptica no campo da interação humana – limitada agora ao verbal –, que, a partir de então, foi desvitalizada e desencarnada até que o gênio de um Barthes redescobrisse o "prazer do texto" e passasse a servir-se da obra de Winnicott com notável insistência nos seus escritos da maturidade.

    A empatia materna e as ações combinadas de mãe e bebê constituem a forma mais verdadeira de aprendizagem da captação empática do "outro". Só desenvolverá a empatia quem tiver sido empaticamente acolhido pelo Outro/outro em seu início. No espelhamento, na mutualidade e na identificação cruzada exercitamos a empatia que aprendemos com a nossa mãe para nos colocarmos logo no lugar dela; e não se trata aqui de uma relação pulsional ou instintiva, mas afetiva, terna, aquilo a que Winnicott se referiu eventualmente como a "capacidade de calçar os sapatos do outro". Os psicodramatistas demarcariam aí o início do brinquedo de inverter papéis entre o bebê e a mãe. Cabe lembrar ainda que é também em meados do primeiro ano de vida que o bebê começa a dar sinais, de forma silenciosa mas visível, de preocupação pela existência do outro e de reconhecimento do cuidado que este lhe dispensa – o que Winnicott denominou "estágio da consideração" (*stage of concern*). É igualmente nesta época que observamos as primeiras reações de estranhamento descritas por Spitz, as quais nos informam sobre a existência de uma relação confiável com um "outro" que adquire importância afetiva diferenciada para o bebê: ele passa a distinguir o familiar e o não familiar. Reafirma-se, assim, a íntima relação existente entre empatia, mutualidade, comunicação silenciosa e identificações cruzadas na passagem da *relação de objeto* ao *uso de objeto*, conceitos winnicottianos sobre os quais me detive em outra oportunidade[33].

Em uma publicação recente, que aborda a questão da especularidade em Winnicott e Lacan[34], debrucei-me sobre dois escritos dos anos sessenta, "Comunicar e não comunicar levando ao estudo de certos opostos" (1963)[35] e "O papel de espelho da mãe e da família no desenvolvimento infantil" (1967)[36], que são interdependentes, ou seja, em qualquer deles encontram-se os elementos teóricos necessários para compreender as ideias desenvolvidas no outro. No primeiro Winnicott defende a tese de um "núcleo incomunicável do *self*", de um *self* central, isolado e autêntico, que não se deixa conhecer e não se explicita nas relações, mas que está presente na comunicação *silenciosa* ou *implícita*. Segundo Winnicott: "Nas fases iniciais do desenvolvimento do ser humano, a comunicação silenciosa se relaciona com o aspecto subjetivo dos objetos. Isso se vincula, penso, ao conceito de realidade psíquica de Freud e do inconsciente que não pode nunca se tornar consciente"[37]. A

---

[33] Graña, R. (1998) Relação, Destruição e Uso de objeto: *egoidade* e *alteridade* numa perspectiva epistêmica Winnicottiana. *Revista Brasileira de Psicanálise*, vol.8. n°2.
[34] Graña, R. (2007) Lacan com Winnicott: sobre espelhos, especularidade e subjetivação. *Revista da Sociedade Brasileira de Psicanálise de Porto Alegre*, vol.9 n°.2. (Primeiro capítulo deste livro).
[35] Winnicott, D.W. (1963) Communicating and not communicating leading to a study of certain opposites. *The Maturational Processes and the Facilitating Environment*. IUP, Madisson, 1996.
[36] Winnicott, D.W. (1967) Mirror-role of mother and family in child development. In: *Playing and Reality*. Routledge, London and New York, 1989.
[37] P.185.

comunicação silenciosa, para Winnicott, está relacionada ao narcisismo primário e às vivências primitivas, inefáveis, situadas no domínio do ser. No segundo escrito Winnicott sustenta que o espelho humano, o rosto da mãe, age de forma silenciosa sobre o *self* do bebê, vivificando-o ao demonstrar o amor e a alegria dela por tê-lo, ou mortificando-o ao deixar transparecer a sua tristeza e indiferença; neste caso, para Winnicott, ela não é um espelho. Ou seja, a mãe permanentemente comunica algo ao bebê, de forma silenciosa, tanto quando utiliza as palavras como quando apenas lhe oferece o seio ou lhe estende os braços. Conforme Winnicott escreveu, porém, num artigo da mesma época sobre comunicação e amamentação, o seio foi posto exageradamente em evidência nos estudos psicanalíticos sobre a infância inicial. Na realidade o "seio bom", que se tornou parte do jargão, é uma metáfora que comunica acerca de uma parentalidade satisfatória, mas "enquanto evidência dos cuidados prestados ao bebê, podemos dizer, por exemplo, que o ato de segurá-lo e manipulá-lo é mais importante em termos vitais do que a experiência concreta da amamentação"[38].

No trabalho citado antes (Graña, 2007) discordo, porém, da afirmação de Winnicott de que no segundo caso referido, o da mãe deprimida, esta não deva ser considerada um espelho. Sustento ali que a mãe será sempre e inevitavelmente um espelho; amando, odiando ou sendo indiferente ao seu bebê. Disto advirão a consistência e a confiança do indivíduo no mundo humano, seu sentimento de ser querido e aceito pelos outros, ou a sensação constante de que sua presença é irrelevante ou desagradável para as outras pessoas[39].

---

[38] Winnicott, D.W. (1968) A amamentação como forma de comunicação. In: *Os Bebês e suas Mães*.Martins Fontes, São Paulo, 1988. (p.21)

[39] De fato, o próprio Winnicott parece reconhecer esta possibilidades quando escreve em Communicating and not communicating leading to a study of certain opposites. (1963): "Habitualmente a mãe de um lactente (infant) tem objetos internos vivos, e o lactente se ajusta ao preconceito da mãe sobre o que é uma criança *viva*. Normalmente a mãe não é deprimida ou depressiva. Em certos casos, entretanto, o objeto central interno da mãe está morto no período crítico da infância inicial da criança, e seu estado de ânimo é o da depressão. Aqui o lactente tem de se ajustar ao papel de objeto *morto*, ou então tem de ser muito vivaz para contrapor-se ao preconceito da mãe ligado à ideia de morte da criança. Aí o oposto da vivacidade do lactente é *um fator anti-vida* derivado da depressão da mãe.

Discordo ainda que o bebê, ao olhar para sua mãe, possa ver no rosto ou nos olhos dela a si mesmo. Pela impossibilidade de qualquer "outro", mesmo a mãe suficientemente boa, apreender direta e totalmente o ser do bebê – e por isso a adaptação é sempre incompleta, como nos diz o próprio Winnicott –, o máximo que ela pode devolver-lhe quando ele a olha é a realidade de seu amor por ele, o quanto se encanta, orgulha e maravilha por tê-lo em sua vida. Ela não poderá jamais refletir ou saber *o que é o bebê*, pois o bebê também é um grande Outro, um desconhecido, para sua mãe – se podemos aqui servir-nos de uma categoria lacaniana.

Veja-se, então, que o que ocorre aí é mais mutualidade do que espelhamento. Mãe e bebê realizam, de fato, uma "ação combinada", que é recíproca, mas que é também complementar, ou suplementar, no sentido derrideano. A complementaridade é um apanágio da relação mutual e dá notícia da passagem do estado de fusão inicial ao inter-relacionamento através de identificações cruzadas. A identificação cruzada pode ser vista como condicionada/condicionante da mutualidade e é proposta por Winnicott no final da década de sessenta. O conceito adquire importância descritiva por sinalizar o momento em que o bebê está abandonando sua condição de ser isolado e ilimitado e começando a situar o objeto no exterior do *self* – o que ele faz através da destruição imaginária daquele, sempre que possa contar com a sua capacidade de sobreviver à destruição. Se a experiência de plenitude original pode ser inicialmente vivenciada, o bebê estará melhor equipado para conviver doravante com a plenitude perdida. Como diz Winnicott, é a partir de uma sensação inicial de ser Deus que os humanos podem chegar a uma verdadeira aceitação de suas limitações, à humildade que é característica da individualidade madura[40].

A tarefa do lactente, em tais casos, é estar vivo, parecer vivo e comunicar o estar vivo; de fato, este é o objetivo último de tal indivíduo, que tem a si negado o que pertence a lactentes mais afortunados, o desfrute daquilo que a vida e o viver proporcionam. Estar vivo é tudo. É uma constante luta para chegar ao ponto de partida e se manter ali". (p.192)

[40] Winnicott, D.W. (1968) A comunicação entre o bebê e a mãe e entre a mãe e o bebê comparadas e contrastadas. In: *Os Bebês e suas Mães*.Martins Fontes, São Paulo, 1988 (p.90).

As identificações cruzadas evidenciam a possibilidade de uma comunicação com o uso de mecanismos projetivos e introjetivos. Se a mãe sobreviveu aos ataques imaginários de que o bebê a fez objeto na fantasia, ela começa a ser *usada* por ele, dando início a um novo tipo de relacionamento que tem por base um verdadeiro intercâmbio, a intersubjetividade propriamente dita. No trabalho em que se dedica a exemplificar clinicamente os problemas técnicos encontrados na análise com pacientes em que os mecanismos projetivos e introjetivos não operam satisfatoriamente, em que sujeito e objeto ainda não se distinguiram, Winnicott insistirá na importância de o analista limitar-se ali a ser apenas um espelho. Ele afirma que "em tais casos a principal esperança do terapeuta é ampliar o campo de ação do paciente com respeito às identificações cruzadas, e isso surge não tanto pelo trabalho de interpretação como através de certas experiências especificas que ocorrem nas sessões analíticas"[41]. A ênfase recairá aqui sobre o que pode ser autenticamente vivido, oportunamente pensado, e apenas eventualmente dito.

Nesta época Winnicott estava preocupado em indicar o tempo e o lugar da "interpretação alterativa" na análise, a qual deveria situar-se sempre dentro da órbita de onipotência narcísica do indivíduo[42]. Podemos então observar um progressivo minimalismo na sua forma de intervir clinicamente, que em grande parte das vezes se limita a um movimento corporal ou a uma indagação breve ou à repetição de algo dito pelo paciente, no sentido de estimulá-lo a seguir em frente. Ele está agora especialmente atento ao fator tempo e particularmente temeroso com a violência da interpretação, a qual poderá transformar um movimento de libertação pessoal em uma prática doutrinária alienante. Especialmente com os pacientes que ainda não separaram interior e exterior, ele insiste em que "a interpretação tem mais a natureza de uma verbalização de experiências no presente imediato da experiência da consulta, e o conceito de

---

[41] D.W.Winnicott (1971) Interrelating apart from instinctual drive and in terms of cross-identifications. In: *Playing and Reality.* Routledge, London and New York, 1989 (p.119).
[42] Winnicott, D.W (1960) The theory of the parent-infant relationship. in: *The Maturational Processes and the Facilitating Environment.* Madison/Connecticut, IUP, 1996.

interpretação como verbalização de uma consciência nascente não se aplica exatamente aqui"[43].

O processo através do qual o objeto é separado do sujeito e o analista é colocado fora do controle onipotente do paciente pode ser bastante penoso, mas é apenas pela sua destruição (expulsão), à qual ele sobreviverá, que o analista se tornará real e permitirá que o paciente se sirva dele de uma nova maneira, *usando-o* e experimentando sentimentos verdadeiros, às vezes brutalmente verdadeiros, na relação com ele. O paciente ousará confiar que, tornando-se o analista agora uma realidade independente, um "outro", efetivamente, deverá e saberá cuidar de si mesmo, o que lhe é sugerido pela crescente capacidade empática que acompanha a passagem para uma relação diacrítica com base nas identificações cruzadas. Quando estas começam a operar, a zona de brinquedo onde mãe e bebê e paciente e analista interagem dissemina-se pelo mundo da vida (o *lebenswelt* dos fenomenólogos), evidenciando que a nossa existência, na maior parte do tempo, apóia-se numa expectativa de mutualidade e de resposta empática do meio ambiente humano. Quando esta expectativa efetivamente se confirma, encontramos maior verdade naquilo que Winnicott, ciente da nossa condição monádica e do nosso isolamento essencial, afirmou serem os momentos mais nobres da vida, nos quais esta parece justificar-se, única forma de transcendência subjetiva a que podemos almejar, e à qual, utilizando a linguagem poética para indicar o ser, ele denominou "ilusão de contato".

Winnicott está aí novamente, como tantas vezes, em sintonia com Lacan, que não compartilhava da ingenuidade "egopsicológica" que enaltecia as "relações reais", e que estava ciente da impossibilidade de uma comunicação livre de mal-entendidos entre os humanos, o que obrigava ambos os autores a recorrerem a um *medium*, que em Lacan será referido como campo intersubjetivo (*champ intersubjectif*), ou campo do significante (*champ du signifiant*), e que em Winnicott estará indicado pelas expressões campo transicional (*transitional field*) e espaço intermediário (*intermediate space*).

---

[43] Winnicott, D.W. (1971) Interrelating apart from instinctual drive and in terms of cross--identifications. In: *Playing and Reality.* Routledge, London and New York, 1989 (p.120).

Referências

Balint, A. (1939) Love for the mother and mother love. In: *Primary love and Psycho-Analytic Technique.* London, Butler & Tanner, 1965.

Bettelheim, B. (1967) *A Fortaleza Vazia.* São Paulo, Martins fontes, 1987.

Graña, R. (1998) Relação, Destruição e Uso de objeto: *egoidade* e *alteridade* numa perspectiva epistêmica winnicottiana. *Revista Brasileira de Psicanálise*, vol.8. n° 2.

Graña, R. (2007) Lacan com Winnicott: sobre espelhos, especularidade e subjetivação. *Revista da Sociedade Brasileira de Psicanálise de Porto Alegre*, vol.9 n° 2.

Graña, R. (2007) *Origens de Winnicott: ascendentes psicanalíticos e filosóficos de um pensamento original.* São Paulo, Casa do Psicólogo.

Laznik, M.C. (2006) PréAut: une recherche et une clinique du très precoce. In: *Contraste – Enfance et Handicap.* Revue de L'ANECAMSP. n° 25.

Winnicott, D.W. (1968) A amamentação como forma de comunicação. In: *Os Bebês e suas Mães.* Martins Fontes, São Paulo, 1988.

Winnicott, D.W. (1968) The use of an object and the relation through identifications. *Playing and Reality.* Tavistock, London, 1971.

Winnicott, D.W. (1951) Transicional object and transicional phenomena. *Trough Paediatrics to Psycho-Analysis.* Bruner/Mazel, New York, 1992.

Winnicott, D.W. (1963) Communicating and not communicating leading to a study of certain opposites. *The Maturational Processes and the Facilitating Environment.* IUP, Madisson, 1996.

Winnicott, D.W. (1967) Mirror-role of mother and family in child development. In: *Playing and Reality.* London and New York, Routledge, 1989.

Winnicott, D.W. (1968) A comunicação entre o bebê e a mãe e entre a mãe e o bebê, comparada e contrastada. In: *Os Bebês e suas Mães.* São Paulo, Martins Fontes, 1988.

Winnicott, D.W. (1967)The bearing of emotional development on feeding problems. *Thinking About Children.* London, Karnack, 1996.

Winnicott, D.W. (1969)The mother-infant experience of mutuality. In: *Psycho-Analytic Explorations*. Cambridge, Massachusetts, HUP.

Winnicott, D.W. (1971) Interrelating apart from instinctual drive and in terms of cross-identifications. In: *Playing and Reality.* London and New York, Routledge, 1989.

3

Tempo e trauma em *O espelho*, de Jafar Panahi: breve crônica de uma morte invisível

O Espelho é talvez o mais belo filme dirigido por Jafar Panahi[1], precoce e talentoso diretor iraniano que, por ver e dizer demais, tem sofrido na carne parte da violência perpetrada contra os intelectuais, os artistas e as mulheres pelo regime dos aiatolás. Panahi foi uma das muitas vítimas da repressão político-religiosa promovida pelo presidente laico reeleito, Mahmoud Ahmadinejad, sendo enviado para a cadeia e proibido de filmar por haver registrado nas ruas a onda de protesto contra a fraude eleitoral que manteve o ditador no poder, em 2010.

O filme impacta intensamente o expectador por apresentar de forma cruelmente realista o esgaçamento *ad extremum* da situação de espera – com o paroxismo agônico que a acompanha – a partir de um episódio de desencontro entre uma menina de aproximadamente sete anos, em sua saída da escola, e sua mãe, desdobrando-se o drama pelas intermináveis ruas de uma grande cidade oriental,

---

[1] Jafar Panahi Estudou Cinema na Universidade de Cinema e Televisão de Teerã. Em 1995 recebeu o prêmio da Câmera de Ouro do Festival de Cannes, por seu filme de *O Balão Branco*, que narra as desventuras de uma menina que tenta comprar peixinhos dourados para o Ano Novo, conforme manda a tradição; com *O espelho*, de 1997, Panahi recebeu o Leopardo de Ouro do Festival de Locarno; e em 2000 obteve o Leão de Ouro de melhor filme no Festival de Veneza, por *O Círculo*, que trata das dificuldades de mulheres diante das restrições impostas pelo Estado islâmico. Panahi desagradou às autoridades iranianas ao apoiar Mir Hussein Mussavi, o candidato oposicionista, na eleição presidencial de junho de 2009. Posteriormente, sua casa foi invadida, e a sua coleção de filmes, tachada de "obscena", foi apreendida. O cineasta foi preso em março de 2010 e, durante seus 88 dias de detenção, fez greve de fome. Em setembro do mesmo ano foi impedido de comparecer ao Festival de Cinema de Veneza, onde várias personalidades do cinema manifestaram o seu apoio a ele e exigiram a sua libertação.

Tehran. O realismo expressionista de Panahi permite-lhe construir um texto cinematográfico decisivo, destacável entre os inúmeros roteiros trágicos que, na história do cinema, centralizaram a infância.

Sinopse diacrônica de *O espelho*

Bahareh concluiu o seu turno escolar e se prepara para voltar para casa, como todas as colegas da segunda série que, juntamente com ela, aguardam a chegada de suas mães. Ela veste um longo casaco rosado, traz um lenço branco na cabeça e tem o braço esquerdo engessado (o que possui um valor semiótico considerável). As outras meninas vão sendo levadas, uma a uma, e ela, algo apreensiva, olha ao redor sem conseguir localizar ninguém que lhe seja familiar ou que ostente a responsabilidade de vir apanhá-la. Encosta-se, então, à grade da escola e aguarda, conversando ainda com uma última colega retardatária, até o momento em que, com a chegada da mãe dessa menina, Bahareh se vê sozinha.

Aos 8' de filme, com o despovoamento da escola, Bahareh começa sua terrível odisséia, seu aflitivo retorno ao lar (a fita desenvolve-se em aproximadamente 90 minutos que parecem editar o tempo total da ação numa escala de quase 1:1, já que a narração de uma partida de futebol entre Iran e África do Sul está em andamento durante todo o episódio e se concluirá junto com o filme). Agarrando-se furtivamente ao casaco de uma mulher, a menina tenta chegar ao outro lado da avenida, de intenso tráfego, onde a presença de uma cabine telefônica sugere a intenção de Bahareh de contatar com sua casa. Ela entra na cabine e, com muito sacrifício – devido à altura do telefone e à limitação do braço engessado – consegue alcançar o local onde deverá depositar a ficha. O telefone chama, mas não atendem. Ela faz ainda uma segunda tentativa, também inútil, e logo abandona a cabine.

Aos 10' Bahareh atravessa novamente a rua e retorna ao portão da escola, apoiando-se num velho homem de bengala que não chega a aperceber-se do favor que lhe presta. Ao ver que uma última funcionária, a Sra. Sadeghi, prepara-se ainda para sair, a menina pergunta-lhe por sua mãe; a mulher responde-lhe algo, mas é logo interrompida pela aproximação de um homem de motocicleta que a convida para uma festa de casamento, na qual contará certamente com a sua presença. A conversa anima-se, com uma discussão acerca das roupas a serem utilizadas nessa ocasião pela mulher e por seu filho, e Bahareh acaba sendo esquecida.

Por fim, aos 16', o homem apercebe-se de sua presença angustiada, e sabendo que ela espera a mãe, que não veio apanhá-la, oferece-lhe uma carona até o próximo ponto de ônibus. No caminho, a menina conta-lhe que sua mãe está esperando um bebê, e que a "fotografia" já permitiu saber que se trata de um menino. Ela ganhará um irmãozinho. Só então temos um primeiro indício do que poderia ter ocorrido de forma a que a menina não tenha sido esperada por sua mãe, na escola, no horário habitual. Esta poderia, inclusive, estar nesse momento dando à luz um novo bebê.

Aos 20' Bahareh supõe que poderá encontrar com sua mãe dentro de um ônibus e pede ao homem da motocicleta que a deixe ali mesmo. Ele busca detê-la, mas ela desloca-se rapidamente em direção à porta dianteira de um ônibus. Ao chegar mais perto, porém, parece vacilar, e ao olhar ao redor, tentando localizar novamente o homem da motocicleta, constata que este fora atropelado por um ônibus urbano, num grave acidente em que pouco restou de sua moto, sendo o acidentado rapidamente removido do local.

Aos 23' ela sobe no ônibus, mas desce em seguida por imaginar ter visto sua mãe; como constata que se equivocou, volta a subir no ônibus, mas é barrada pelo cobrador, que lhe diz estar subindo pela porta errada, a área reservada às mulheres fica na parte de trás.

Aos 26', a contragosto, após a insistência de uma idosa que viajava a seu lado, Bahareh cede o seu assento para uma mulher grávida, sendo logo criticada pela idosa por ter relutado em fazê--lo.: – Os jovens de hoje são muito mal-educados, resmunga a velha. Nessa breve viajem, que dura aproximadamente oito minutos, a pequena escuta diversos diálogos e comentários dos passageiros versando sobre nascimentos, casamentos, traições, velhice e morte.

Ela aproxima-se vertiginosamente dos fatos comuns da vida, está sem dúvida descobrindo o mundo, porém de uma forma abrupta, imprevista e intoxicante.

Aos 33' o ônibus que Bahareh supôs que a levaria para casa chega ao fim da linha e ela, desolada, olha ao redor buscando localizar algumas das suas referências habituais, mas o lugar é estranho, ela não avista ali a "praça com uma fonte e muitas árvores" que lhe atestaria estar em sua parada e próxima de sua casa. Nesse momento, e pela primeira vez até então, o desespero estampa-se em seu rosto, ela chora. Questionada pelo motorista, ela lhe diz que essa não é sua parada, que sua parada tem barras de ferro em forma de coração. Ele a reconhece e lhe diz que, de fato, este é o ônibus que ela costuma tomar com sua mãe, mas no sentido contrário. Recomenda-a então a um colega seu que está prestes a retornar ao outro extremo da linha. Como o homem parece prestar-lhe pouca atenção, ela faz menção de afastar-se, desistindo uma vez mais de recorrer aos adultos, mas o homem a alcança e coloca-a no ônibus, algo irritado, e quando ela começa a choramingar ele lhe ordena que não chore. Bahareh permanece de pé ao seu lado, junto do guidão do ônibus, quando escutamos com surpresa uma voz que lhe diz: – Não olhe para a câmera Mina! Ela reage irritada, gritando que não vai mais filmar, e começa a tirar o casaco rosado que vestia, o lenço que trazia na cabeça e o falso gesso do braço. O diretor – o próprio Panahi – ordena, então, ao câmera que corte, e uma assistente se aproxima da menina perguntando-lhe o que aconteceu.

Neste momento, aos quase 40' e já perto da metade da fita, descobrimos que tudo não passa de uma filmagem. De um filme dentro do filme. Bahareh/Mina desce do ônibus e um figurante a segue, tentando saber o que houve com ela e procurando dissuadi--la de seu propósito de abandonar o *set* de filmagem. Ele lança mão de argumentos sentimentais, como o de que todos o estão culpando por ela haver desistido, que perderá o emprego se ela desistir de filmar, etc. Mina, a pequena atriz, mostra-se irredutível e decide agora ir efetivamente sozinha para casa. Alguém pergunta, ainda, se sua mãe foi avisada. A menina afasta-se, caminhando, e volta agora "realmente" a aventurar-se pelas longas e movimentadas ruas da megalópole. O diretor, entretanto, decide continuar a filmá-la, seguindo seus passos de dentro do ônibus/studio. Agora, porém, o desamparo e o sofrimento são reais. A engenhosa ficção converte-se numa dura realidade; resta-nos a dúvida sobre se se trata ainda de um segundo filme, dentro de um terceiro – há uma tendência ao uso da metalinguagem, no cinema iraniano, o que pode ser observado também na obra de Abbas Kiarostami –, ou se há aqui um simples registro da vida que será depois editado e apresentado como um texto cinematográfico, ao modo de um documentário, tão inusitado quão cruel.

Aos 48' a agora Mina continua caminhando pelas ruas e indagando às pessoas acerca de "uma praça com uma fonte no meio". Aos 52' Mina tenta tomar um táxi, mas não consegue dizer ao motorista para onde deseja ir. Como está ainda com o microfone, que continua ligado, podemos escutar perfeitamente o seu diálogo com o motorista. Ela lhe diz que quer ir a um lugar onde ele deverá "fazer a curva e entrar numa grande avenida". O chofer pergunta-lhe qual é o nome da avenida, mas apesar de sugerir algumas das denominações possíveis, Mina não sabe dizer-lhe de qual delas se trata. Ao indagar-lhe, porém, se está perdida, ela responde-lhe prontamente que não, que está apenas voltando para casa. Ao longo de todo o seu "retorno" ela se esforçará tenazmente para desmentir esta inesperada e avassaladora realidade, a da perda dos mais confiáveis objetos de amor, a do desamparo ao qual busca sobrepor-se bravamente.

Aos 54' um homem idoso preocupa-se com ela e a conduz até um policial, que logo após ser informado do desencontro mãe/filha atende a uma chamada telefônica, a qual se prolonga, fazendo com que mais uma vez a pequena se veja preterida em nome de problemas mais urgentes e mais importantes, problemas que pertencem ao mundo adulto. Ela se afasta, caminhando, sem que o policial se aperceba disso, e aproxima-se de um banco de praça no qual está casualmente sentada a velha senhora que anteriormente, no interior do ônibus, obrigara-a a ceder contrariada o seu lugar para uma gestante. Mina revela à velha que desistiu do filme porque queriam que ela chorasse o tempo todo, que vestisse um lenço de bebê e que usasse um gesso falso no braço. Ela não é um bebê e teria vergonha que os colegas a vissem nesse papel. Pergunta ainda para a velha se ela também decorara o texto de sua fala no ônibus e se estava igualmente participando do filme, ao que a outra lhe responde: – Filme? Quem dera fosse filme! Queixa-se, então, de haver sido abandonada pelos filhos e de sua solitária infelicidade, aconselhando a menina a ir para casa porque seus pais deveriam estar já preocupados com o seu desaparecimento. Seguindo esse conselho, Mina faz parar outro táxi. O chofer, porém, recusa-se a transportá-la, porque ela não possui o dinheiro suficiente para a corrida. Pergunta-lhe também se está perdida, ao que ela responde mais uma vez: – Não! Percebe-se que neste momento essa mentira a faz viver. Ela não é um bebê, não está perdida e não sente medo algum!

Aos 60' Mina faz uma nova tentativa de telefonar para casa, desta vez com sucesso. Fica, então, sabendo que sua mãe não está lá, mas o irmão que a atende lhe diz que irá buscá-la na sua bicicleta, já que ela lhe promete não contar isso para a mãe. Mina, entretanto, não sabe dizer-lhe onde está, e ele lhe sugere que vá até o correio da Avenida Vitória e o espere, mas o telefone é desligado antes que o irmão lhe explique como deve fazer para chegar lá, o que mais uma vez impede o resgate e não altera significativamente a situação. Com a interrupção do telefonema, Mina vê-se de novo às voltas com aquele inferno de automóveis, coletivos, bicicletas e gente surda, cega e apressada. Ao ver uma mulher tomar um táxi com seu filho, ela se apressa e consegue entrar junto com eles no automóvel. Um desentendimento, porém, entre a mulher – que não está sendo levada para onde deseja – e o motorista, faz com que esta desça do veículo furiosa; Mina insiste, entretanto, em continuar sozinha até a Av. Vitória, comunicando ao motorista que seu irmão estará lá e que irá pagá-lo quando chegar. Este, como ocorrera anteriormente, recusa-se a levá-la sem dinheiro. Ela desce, mas logo sobe em outro táxi, junto com algumas pessoas, e oferece ao motorista todo o dinheiro que tem consigo, procurando explicar-lhe onde precisa chegar. Diferentemente dos anteriores, ele recusa-se a receber o dinheiro que ela lhe oferece e diz que a levará de graça. Segue-se, então, um longo diálogo entre uma das passageiras e o motorista do táxi, que retrata irônica e criticamente a absurda situação das mulheres e das crianças no mundo islâmico.

Aos 65' Mina decide descer do táxi subitamente e insiste em pagar ao motorista, que recusa mais uma vez o dinheiro que ela lhe estende. O lugar parece-lhe agora familiar e ela demonstra orientar-se um pouco melhor. Não sabe ainda, porém, como fará para chegar logo em sua casa. Encontra-se, então, com um senhor que já a conhece, e também a seu pai; trata-se de um músico e antigo dublador da voz de John Wayne para o cinema, o qual, havendo-a visto filmar a cena em frente à escola, cumprimenta-a pelo seu perfeito desempenho. Ele a conduz até o local em que o irmão deverá vir apanhá-la.

Este, porém, não aparece, e Mina, aos 76', recomeça a busca por sua casa, pedindo agora a orientação de um policial a quem reconhece por havê-lo visto, alguns dias antes, multar o carro de seu pai, que "estava fazendo muita fumaça". Ele não se lembra do ocorrido, embora ela se esforce para fazê-lo recordar-se dela e de seu pai. O policial a conduz, por fim, até uma oficina do bairro, já que ela afirma que o pai costuma consertar seu automóvel em um mecânico próximo de sua casa. Mina explica a alguns mecânicos que ali se encontram que o carro de seu pai é um Renault branco e que havia sido consertado por eles alguns dias antes. Como estes também não se lembram disso, ela lhes pede que a levem de volta para a escola, pois acredita que partindo dali saberá agora chegar em sua casa. Mas embora Mina lhes diga o nome de sua escola, "Assyeh", e a descreva, indicando que ela fica em um cruzamento próximo a uma loja de brinquedos e que tem uma placa azul na frente, eles não conseguem identificar a escola nem saber a sua localização; mesmo assim, a auxiliam a orientar-se assinalando-lhe um possível caminho para chegar até lá.

Mina prepara-se, uma vez mais, para retomar a sua interminável caminhada, mas de repente, aos 84', avista a loja de brinquedos e miudezas cujo proprietário – o senhor Habibi – a havia recomendado para a equipe de filmagem, dizendo ser ela uma menina muito talentosa (a esta altura o espectador não tem nenhuma dúvida disso!). Ela entra na loja e diz ao homem, irritada, que não irá mais filmar. Deixa, então, com ele o microfone e sai, dirigindo-se por fim a sua casa – a qual ela já consegue avistar dali – sem escutar as últimas palavras do senhor Habibi, que a adverte de que deixará de ganhar dinheiro se interromper a filmagem. Em seguida Mina alcança a porta da casa, toca a campainha, alguém abre e ela entra. A equipe de filmagem insiste ainda com o senhor Habibi, pedindo-lhe que leve o microfone para Mina e a convide para retornar ao *set*. Ele bate à porta da casa e tenta reconduzi-la. Ela, porém, responde-lhe, entreabrindo a porta, que não retornará e que ele é o culpado por ela estar metida nisso. Desolado, o senhor Habibi retorna ao grupo informando que Mina recusa-se terminantemente a filmar; promete indicar-lhes outra menina de talento, e indaga-lhes por fim: – O que fizeram com ela para deixá-la assim tão alterada?

Considerações preliminares

As categorias *tempo* e *espaço*, em psicologia e em psicanálise, como bem o demonstram as pesquisas de Piaget sobre o desenvolvimento cognitivo infantil, de Winnicott sobre o desenvolvimento emocional primitivo e de Betelheim sobre o funcionamento psíquico de autistas, não constituem intuições *a priori*, conforme nos propõe a apresentação filosófica do sujeito cognoscente kantiano na *Crítica da Razão Pura*[2]. O tempo e o espaço tridimensionais são, diferentemente, categorias a serem subjetivamente construídas, que estão antecipadamente presentes e operam inicialmente apenas no Outro, projetando-se temporalmente como um precipitado de possibilidades experienciais futuras do filhote humano, desde que o ambiente – a mãe ou quem a substitua – lhe ofereça uma efetiva oportunidade de abertura ao mundo através de sua presença viva, atenta e previsível – presença carnal e anímica. Tais condições de presença são

---

[2] Kant, I. (1781) *Crítica da razão pura*. São Paulo, Abril Cultural, 1980.

requeridas para a comunicação empático-cenestésica, de Spitz[3], a qual é mediadora das referências temporo-espaciais e articuladora de toda exterioridade possível.

Se tempo e espaço são, porém, distensores do campo vivencial que dependem de um facilitador externo para a abertura do ser do homem ao mundo, há de se supor que este Outro deverá ocupar-se de apresentar ao *infans* (o que é diferente de impingir) os sinalizadores iniciais da multidimensionalidade da existência permitindo-lhe experimentar o balanço "presença-ausência", conforme foi enfatizado por Lacan, através do que espaço e tempo serão inicialmente conhecidos como "distância" e como "espera"[4]. Nesse contexto fenomenal dos começos os marcadores da exterioridade irão, portanto, dar-se a conhecer pelo viés da negatividade; negatividade que deverá no momento inaugural reduzir-se ao mínimo, tender a zero – a mãe precisará ser "perfeita", diz Winnicott[5] – para que a experiência da plenitude, a *continuity of being*, esteja assegurada ao *self* original do bebê (ao *self* molecular, segundo a feliz expressão de Deleuze[6]).

O que pretendemos, porém, enunciar a princípio com uma tal formulação? Primeiramente, sustentamos que o mundo externo prenuncia-se ou anuncia-se ao *self* molecular por uma inevitável e insuperável precariedade que irá sempre acompanhar os esforços maternos no sentido de satisfazer pontualmente e plenamente as necessidades iniciais – físicas e narcísicas – do seu bebê. Se a especial capacidade da puérpera, que Winnicott denominou *primary maternal preoccupation*, foi a seu tempo conquistada – já que se trata de algo que não está "naturalmente" garantido, embora exista na mãe como potencialidade – ao longo do processo gestacional, as

---

[3] Spitz, R. (1965) *O primeiro ano de vida*. São Paulo, Martins fontes, 1983.
[4] Ver Graña, R.B. (2007) Winnicott e Hume. In: *Origens de Winnicott: ascendentes psicanalíticos e filosóficos de um pensamento original*. São Paulo, Casa do Psicólogo.
[5] Embora o adjetivo deva ser grafado com aspas, porque o próprio Winnicott sustenta, paradoxalmente, que a adaptação nunca é completa e que a mãe necessária ao infante humano deverá ser apenas *suficientemente* boa, deixando de ser boa se não se limita a isso.
[6] Deleuze, G. (1980) *Mil Planaltos*. Assírio & Alvim, Lisboa, 2004.

sutis soluções de continuidade no cuidado, que acompanham qualquer oscilação do humor, qualquer modificação do tônus, qualquer flutuação da atenção materna, serão absorvidas pelo conjunto dos procedimentos de sustentação suficiente que alicerçarão a integridade do ser do bebê no fluxo contínuo da duração.

Se, de outro modo, as dessincronias empático-cenestésicas são de tal ordem – intensidade e freqüência – que descompassam a oscilação regulatória da presença-ausência, o que implica a introdução prematura de um excesso de distância ou de espera no contexto da apreensão inicial do mundo pelo bebê, este descomedimento poderá determinar uma distorção precoce da experiência do ser, submetendo o *self* molecular a uma dobra traumática que implicará perturbações mais ou menos estáveis da temporalidade e da espacialidade, as quais se farão evidentes em maior ou menor grau dependendo da eficácia defensiva dos recursos a que o bebê recorrerá para sobreviver a essas catástrofes (*breakdowns*). Estes colapsos ontológicos, se assim podemos denominá-los, embora repercutam mais massiva e lesivamente sobre o *self* nos estágios iniciais da vida, estarão também facilitados sempre que uma criança se veja de alguma forma constrangida a encarregar-se de responsabilidades pessoais ou de funções mentais para as quais, na ocasião, encontra-se ainda subjetivamente incapacitada. Winnicott costumava relacionar a *deprivation*[7] com a perda do objeto, ou da provisão ambiental, durante o estágio de *dependência relativa* – período situado entre o final do primeiro ano e o final do terceiro ano de vida, aproximadamente – embora saibamos hoje que essa expropriação (*deprivation*) pode ocorrer em etapas posteriores do desenvolvimento, produzindo às vezes os mesmos sintomas clínicos e comprometendo importantemente a integração

---

[7] Perda súbita do cuidado do qual se pode até determinada época confiavelmente desfrutar, palavra que traduzirei por *expropriação* – que significa a perda, a subtração de alguma coisa de que se teve a posse ou sobre a qual se teve os direitos de propriedade – buscando evitar confundir este fenômeno com a *privação* (*privation*), que para Winnicott designa uma condição mais primitiva e radical, a ausência – desde o início – de um cuidado dirigido particularmente às necessidades de uma determinada criança, um cuidado singularizante, no sentido deleuziano, ou unarizante, como diria Lacan – cuidado que ao mesmo tempo une e unifica.

egóica e as relações objetais da criança. Da mesma forma, sabemos agora que a expropriação (*deprivation*) não está relacionada apenas ao aparecimento da tendência antissocial infantil, mas os próprios estudos de Winnicott sobre a perda traumática durante a infância inicial (*infancy*) e posterior (*childhood*)[8] deixam clara também a sua relação com os estado depressivos, os distúrbios alimentares, as perturbações da identidade de gênero, as organizações do tipo falso *self* e com a síndrome do medo ao colapso (*fear of breakdown*).

Supondo serem suficientemente conhecidos do leitor os estudos de Ferenczi, Winnicott, Bowlby e Spitz sobre a relação da psicopatologia materna com a supressão ou instabilidade da provisão ambiental e com o traumatismo precoce, não pretendo aqui revisá-los uma vez mais; apoiar-me-ei, entretanto, nessas contribuições para propor a reflexão que desenvolverei a seguir.

Sincronias, dessincronias e traumatização

A excelência do cuidado materno que Winnicott qualifica de *good enough* não se reduz a regularidade, ritmicidade ou pontualidade; há muitas outras coisas que estão aí envolvidas, mas no estágio inicial da vida a manutenção de certas freqüências determina em grande parte a qualidade da atenção que o ambiente dispensa ao bebê. Winnicott demonstrou como a presença-ausência dosada da mãe no estágio em que o sentido do tempo está se estabelecendo (estágio do *holding*) é crucial para o desenvolvimento de uma convicção sobre a efetividade e constância do objeto e do *self*. Segundo Winnicott[9]:

> O sentimento de existência da mãe dura *x* minutos. Se a mãe se afasta mais de *x* minutos, a imago desvanece-se (*fades*) e junto com isso perde-se a capacidade do bebê para usar o símbolo da união. O bebê

---

[8] Ver especialmente os escritos reunidos em Winnicott, D.W. (1989) *Psycho-Analytic Explorations*. Harvard University Press, Cambridge, 1992.
[9] Winnicott, D.W. (1967) The Location of Cultural Experience. In: *Playing and Reality*. Routledge, London and New York, 1989.

fica agoniado (*distressed*), mas esta agonia é logo *remediada* (*mended*), porque a mãe retorna em $x+y$ minutos. Em $x+y$ o bebê não ficou alterado. Mas em $x+y+z$ minutos o bebê tornou-se *traumatizado*. Em $x+y+z$ minutos o retorno da mãe não remedia o estado alterado do bebê. O trauma implica que o bebê experienciou uma ruptura (*break*) na continuidade da vida; assim, defesas primitivas são agora organizadas para defendê-lo contra a repetição da "ansiedade impensável" ou contra o retorno do estado confusional agudo que é inerente à desintegração da estrutura nascente do ego[10]. (p.97)

Se a traumatização acontece na ausência prolongada do objeto/Outro, pela excessiva postergação do atendimento às necessidades físicas e narcísicas do bebê, o que designarei como *evasão*, devemos considerar que ela ocorre também devido à antecipação do objeto aos sinais de desconforto ou sofrimento que o bebê emite, pela sua hiperpresença, ao que Winnicott referiu-se como *invasão* (*impingement*). Não é incomum que estas apresentações intempestivas se complementem insidiosamente, impedindo uma ressincronização em tempo hábil das ações intercambiadas pelo bebê e sua mãe.

O que sabemos, de acordo com Winnicott, é que uma vez interrompido o fluxo do ser, esta ruptura se inscreverá na memória como uma experiência que pode ser mais tarde designada como morte ou loucura, aludindo ambas as palavras à supressão de "algo" (no objeto/outro ou no *self*/sujeito) que poderia ter ocorrido em determinado momento, assegurando a continuidade da experiência do ser no tempo, mas que não havendo acontecido determina um registro negativo que é freqüentemente referido pelos pacientes analíticos como um "vazio". Aqui, o que aconteceu de irremediável é exatamente aquilo que não aconteceu[11], seja a sustentação da solidão essencial pela presença discreta do Outro, seja a supressão da solidão agônica pela sua presença viva e ativa.

---

[10] Processo que está em andamento desde o início da vida, já que o movimento de aquisição do sentido do *self* se estende do nascimento à morte, como mostrou Daniel Stern (1985).
[11] Ver Winnicott (1960) Fear of breakdown. In: *Psychoanalytical explorations*. Harvard University Press, Cambridge, 1989.

Afortunadamente, de acordo com Winnicott,

> Devemos supor que a vasta maioria dos bebês nunca experienciou a quantidade $x+y+z$ de expropriação (*deprivation*). Isto significa que a maioria das crianças não carrega consigo, ao longo da vida, o conhecimento da experiência de ter estado louca. Loucura aqui significa simplesmente uma ruptura de qualquer coisa que pudesse existir naquele tempo como uma *continuidade da existência pessoal*. Após "recuperar-se" da expropriação $x+y+z$ um bebê tem de começar de novo, permanentemente despojado da raiz que pode proporcionar *continuidade com começo pessoal*. (p.97)

Tais situações poderão ser melhor "visualizadas" se as representarmos graficamente servindo-nos dos diagramas abaixo. Apresentarei, de antemão, minhas escusas ao leitor por lançar mão de um recurso gráfico, simplificador, no esforço de tornar "mostráveis" circunstâncias bastante complexas através de uma representação "geométrica" dos acontecimentos potencialmente traumáticos, e freqüentemente inobserváveis, de que me ocupo neste capítulo.

Figura 1

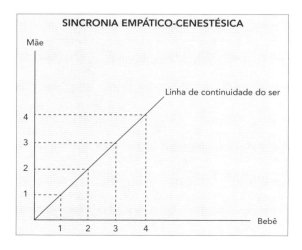

Na figura 1 está representada uma situação ideal, onde se observa a coincidência temporal entre o estado de necessidade/demanda do bebê e a apresentação/ação da mãe, de forma a que o objeto, fazendo-se presente no momento mesmo em que é criado pelo bebê, seja pouco mais que um detalhe (detalhe decisivo para o estabelecimento das primeiras pontes com a realidade externa, porquanto converte o que configuraria um estado alucinatório em um estado de ilusão) da sua produção imanente, ou, dito de forma mais convencional, pouco mais que um detalhe do que é produzido pela fantasia onipotente do bebê. A sustentação desta ilusão no tempo, pela operância sutil da comunicação empático-cenestésica e pelo exercício ótimo da função *holding*, é necessária para a consolidação do sentido do *self* pessoal no bebê[12]. Em condições favoráveis, a ilusão inicial de plenitude será mais tarde gradativamente contrastada pela introdução do que Winnicott denomina cuidado negativo (*negative care*), a gradual retirada do intenso investimento narcisista da mãe em seu bebê, o que introduz o "mundo em pequenas doses" no interior da órbita de onipotência do *infans*, convidando-o à distensão e expansão do círculo de abrangência imaginária e de interesse cognitivo que se soma ao *self* original, conduzindo – para falar com palavras de Lacan – a uma progressiva descoberta do simbólico que desde o início o marcou. Da parte do bebê ocorre, igualmente, um movimento espontâneo no sentido de afrouxar o laço com o Outro primordial – implicando a abertura do campo transicional e a inclusão do(s) terceiro(s) – o que oportuniza o desdobramento dos eventos reterritorializantes do primeiro ano de vida, entre os quais o mais significativo será, talvez, o desmame.

---

[12] Neste ponto a crítica de Daniel Stern (1985) à fantasia romântica de uma indiferenciação total e a denominações como narcisismo primário, fase oral, fase autística, fase simbiótica, etc., parece estar equivocada por privilegiar o plano fenomênico, desprezando o fenomenológico. O fato de que o bebê se aperceba desde o início de um exterior, o fato de que existam desde sempre marcadores de uma distinção entre o *self* e o não-*self*, não implica que o bebê tolere a atividade autônoma do ambiente ou o fato de que o ir-vir do objeto ocorra independentemente dos imperativos da sua fantasia onipotente ou da sua cosmogonia narcisista.

Figura 2

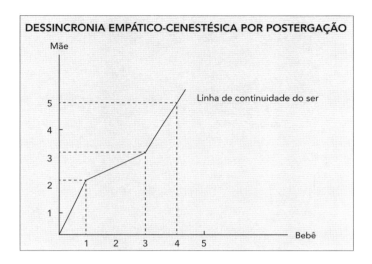

Na figura 2, o bebê necessita/demanda em T1, mas a mãe só se apresenta em T2 (por estar deprimida, fatigada, retraída, etc.), podendo ocorrer que o reconhecimento de sua falha a faça estar mais atenta aos próximos sinais do bebê (lembremos que a comunicação aqui é essencialmente semiótica – ou implícita, como dirá Winnicott) e apresentar-se em T3 no tempo em que o bebê efetivamente a necessita, para logo retornar ao padrão de desconexão anterior, o qual, repetindo-se no tempo, configurará o traumatismo precoce ocasionado por uma dessincronia empático-cenestésica relacionada à excessiva postergação da presença materna, sendo que as posteriores ressincronizações das trocas *self*/objeto não poderão já remediar ou neutralizar os efeitos traumáticos destas rupturas reiteradas da linha da continuidade do ser[13].

---

[13] Neste sentido ver Khan, M.M. (1963) The concept of cumulative trauma. In: *The privacy of the self.* London, Hogart Press, 1974.

Figura 3

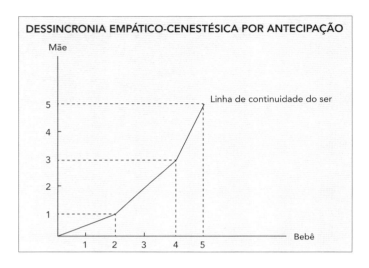

Na figura 3 a mãe apresenta-se em T1 quando o bebê a necessitaria/demandaria em T2 (por estar mais atenta às orientações dos livros, dos médicos, de seus familiares, etc. ou agir movida mais por suas próprias urgências, ansiedades ou necessidades narcisistas que pelas do bebê), podendo ocorrer que, supondo havê-lo atendido antes mesmo de deixá-lo sofrer, ela volte a antecipar-se, respondendo novamente a uma temporalidade própria, ou então se retarde em perceber os signos que comunicam a necessidade do bebê de tê-la novamente junto a si – para alimentá-lo ou acalentá-lo – o que configura o traumatismo precoce por antecipação ansiosa, podendo esta associar-se, conforme dito antes, com as postergações excessivas, o que caracterizará o *tantalizing environment* winnicottiano. Aqui, a impossibilidade materna de significar pontualmente a demanda do bebê faz, não apenas com que ela se apresente prematuramente, mas com que às vezes nem mesmo consiga retirar-se ou retrair-se oportunamente, propiciando ao *self* o intervalo de tempo necessário para a construção e reinvocação imaginária da relação com o objeto (*fantasme*), o que oportuniza o engendramento das formas mais elementares do uso de imagens elacionais[14] por parte do *infans*.

A dessincronia em *O espelho*

A travessia do espelho, tal como nos é espetacularmente apresentada por Jafar Panahi no seu tocante "Yaneh", ocorre quando a resposta especular não possui o vigor, a consistência e a precisão que a satisfação das necessidades primárias do *self* molecular costuma legitimamente requerer. Reiteremos que mãe, conforme nos propõe Winnicott, deverá no início ser "perfeita", embora o próprio Winnicott nos diga, paradoxalmente, que a perfeição é coisa de máquinas. A mãe falhará, porém, se não for capaz de proporcionar ao seu bebê a ilusão de plenitude dos começos (como a mulher amada falhará, enquanto objeto da paixão, se não puder servir de suporte para o exercício do delírio passional do homem que a ama ideal e exaltadamente). Posteriormente, ela deverá começar a falhar, e se não falhar, quando deveria fazê-lo, falhará em não falhar. Como a Alice de Lewis Carrol, Bahareh é subitamente introduzida num universo que lhe é vertiginosamente estranho – e que só terrorificamente poderá ser *wonderful* –, e sua ação ao longo do filme será uma busca aflita de dar fim àquela interminável e fantasmagórica odisséia retornando ao ambiente familiar[15]. O desencontro com a mãe, a perda inesperada do seu principal sustentáculo ontológico, irá impeli-la a repetidas e inexitosas tentativas de restituição do espelhamento perdido. Ela se depara, porém, com a persistente opacidade nas respostas que lhe chegam do mundo adulto. Ninguém parece aperceber-se de que Bahareh/Mina agoniza.Todos pretendem impor-lhe outro tempo, o do relógio, outra ordem, a dos sexos, das gerações, da polidez, etc. O

---

[14] Representações pictogramáticas do elo mãe-bebê.
[15] Com a mesma soberba denegatória (contrafóbica) exibida por Alice (também uma menina de sete anos) em *Alice's Adventures in Wonderland* e em *Trough the looking glass and what Alice found there* (*The Complete Illustrated Works of Lewis Carroll*, London, Canceller Press, 1983).

mundo adulto demonstra não poder significar o sofrimento infindável da menina como um processo de necrose de parte importante do seu *self* vital, do seu dar-se ao mundo espontânea e confiavelmente. O que ela repete o tempo todo, para os outros e para si mesma, é que "não está perdida", insistindo num recurso extremo, numa denegação salvadora que deve manter inteira a casca quando o núcleo ameaça fenecer. Este enunciado parece ter para a agora Mina um maravilhoso poder sustentador, servindo de suporte para a performance pseudo-matura que comumente conota, ao modo de um tecido cicatricial, a presença de feridas profundas, a ocorrência de importantes abalos no *continuum* experiencial. Mina não é um bebê, não é mais um bebê, e por isso dispõe de recursos subjetivos que lhe permitem, de alguma forma, sobreviver ao colapso potencial; ela se esforça ao máximo para manter a tranqüilidade e mesmo para poupar os outros de um estado de pânico que ameaça dominá-la. Ao longo do filme, deixa de ser a pequena menina desamparada que vemos inicialmente contemplar incrédula e desoladamente as ruas de Tehran, para transformar-se numa pequena guerreira obstinada, cuja consciência se estreitou ao máximo, reduziu-se a uma única imagem, a um único significante: Mãe. Suas últimas palavras para o Sr. Habibi, que a havia indicado para aquele papel, poderiam ser as de qualquer adulto capacitado para garantir o exercício dos seus direitos individuais:
– Não retornarei, e você é o responsável por eu estar metida nisso!
Mina parece, pois, sobreviver bravamente àquela situação-limite, e isto é de fato o que em parte aconteceu. Sabemos, no entanto, que Mina também morreu, sem o saber, e sem que ninguém mais tenha podido disto aperceber-se.

Um olhar lacaniano

Entre os psicanalistas de formação lacaniana dedicados à investigação em psicopatologia e psicanálise de crianças, os escritos de Marie-Christine Laznik destacam-se pela sua precisão clínica e pela clareza das formulações teóricas. Brasileira, e vivendo na França há quase quarenta anos, ela tem se dedicado ao estudo do autismo e das psicoses da primeira infância e ao tratamento psicanalítico de bebês-mães. Laznik tem realçado a importância do reconhecimento circular precoce do bebê pela mãe e da mãe pelo bebê. Segundo diz, falar de uma busca ativa do bebê pelo olhar do Outro, corresponde a supor-lhe uma pulsão escópica completa, que compreende a alternância de olhar ativo e olhar passivo – ao que Freud já tinha se referido –, lembrando, porém, que "Lacan já havia assinalado que este tempo dito passivo é de fato eminentemente ativo: o bebê *se faz* olhar pelo Outro"[16] (p.78). A ausência desta reversão que demarca o "terceiro tempo pulsional oral", como o denomina a autora, pode ser indicativa de um processo autístico: "Mesmo se não está provado ainda que a ausência deste círculo completo da pulsão escópica necessariamente desemboca, mais tarde, numa síndrome autística típica, ela assinala em todo caso uma dificuldade maior na relação especular com o Outro. (...) Se não se intervém sobre essas crianças, o *estádio do espelho* corre o risco de não se constituir ou, ao menos, não convenientemente" (p.79).

Embora Laznik refira-se à importância dada por Lacan ao reconhecimento precoce do bebê pela mãe, ele o faz mais enfaticamente por ocasião do estádio do espelho – segundo a autora, uma das raras referências temporais em sua obra – e não com a ênfase na articulação entre o olhar primordial do Outro e a confirmação do Outro à imagem da criança refletida no espelho, conforme o assinalamento de Laznik. Embora a noção de Outro lacaniana, inclusive a sua grafia com letra maiúscula, esteja inspirada em Sartre, ela se torna bastante mais complexa em Lacan. A descrição da alteridade primordial por Laznik é tanto mais clarificadora na medida em que, personificando ou "encarnando" a presença do Outro, que em Lacan resume-se a um significante – a *imago* –, aproxima esta descrição

---

[16] Esta citação e as seguintes são extraídas de Laznik, M.C. (2005) Role fondateur de l'Autre maternel dans la constitution de l'image du corps. In: *Visages – Cahiers de l'infantile,* Paris, L'Harmattan.

da ideia de espelhamento original que encontramos em Winnicott[17]: "Nós enfocamos o *Outro* (escreve Laznik) aqui como um agente do olhar que funda a unidade do corpo. Isto que se passa nos primeiros meses de vida entre um dos pais – habitualmente a mãe – e seu bebê, esta qualidade particular da presença daquele, de seu olhar sobre o bebê, determina ou não a possibilidade de que as relações imaginárias com os *outros*, seus semelhantes, se instaurem ou não" (p.82). Ela não se limita, porém, a assinalar a ação do imaginário materno na captura fantasmática da criança, mas enfatiza o desdobramento da função do Outro/outro primordial no que concerne a sua função simbólica: "A mãe sustenta o lugar do grande Outro para seu bebê (*enfant*), ela não é o seu simples semelhante, seu pequeno outro. Esta assimetria estrutural escapou ao filósofo e Lacan se afastou da concepção sartriana do olhar a partir do momento em que deu um estatuto metapsicológico à diferença entre o grande e o pequeno outro" (p.82).

A ação presencial viva do Outro/outro primordial (ninguém se identifica com um significante lingüístico, unicamente) opera ambos os registros – imaginário e simbólico – mas, mais que isso, a própria ação do real do "outro" sobre o ser psicossomático do bebê. No âmbito da investigação experimental, Stern (1985, 2010) referiu-se à sensibilidade do bebê ao que ele denomina "afetos de vitalidade" da mãe ou do *caretaker*; antes dele, entretanto, Winnicott já se havia concentrado, e com maior profundidade e sutileza, sobre o efeito da vitalidade da mãe ou da ausência desta em termos de desvitalização ou hipervitalização do *self* inicial (molecular) do bebê, o qual tende comumente a moldar-se – de forma concordante ou complementar – às exigências de seu narcisismo (dela), esforçando-se por obturar a falta no Outro – para utilizar uma terminologia lacaniana. Que um bebê se torne demasiado silencioso ou demasiado ruidoso para adaptar-se às exigências, mais ou menos patógenas, que a mãe lhe faz de silêncio e quietude ou de

---

[17] Ver Winnicott, D.W. (1967) Mirror-role of mother and family in child development. In: *Playing and Reality.* Routledge, London and New York, 1989.

ruidosidade e movimento (a complementaridade da criança-rolha e da mãe-garrafa, a que Lacan se referiu) é parte de seu esforço inicial para ser de alguma forma reconhecido pelo Outro[18]. Isto o torna viável, isto o faz vingar, ainda que com um enorme custo em termos da perda do vigor e da espontaneidade do *self* original[19].

Estas considerações não fazem parte do argumento utilizado por M.C. Laznik, mas provavelmente ela não iria se opor a elas, na medida em que pretende ajustar o seu foco sobre esse reconhecimento original sem o qual o reconhecimento posterior no espelho, aos seis meses, eixo dinâmico do *stade du miroir*, não se concretizará. Citemo-la, conclusivamente: "Segundo minha hipótese, um primeiro reconhecimento, não demandado pelo bebê, mas concedido pelo Outro, funda a possibilidade mesma da constituição do corpo próprio. (...) É esta *unidade do corpo próprio*, assim constituída, que torna então possível, para o bebê (*l'enfant*), a localização (*mise en place*) da *imagem especular do estádio do espelho* e seu acesso a uma imagem do corpo" (p.85). Quando o estádio do espelho não acontece, ou não acontece convenientemente, o que poderemos encontrar na clínica psicanalítica de crianças é um arremedo de constituição unitária do *self*, ou do sujeito, que sofre a permanente ameaça de colapso subjetivo a que Winnicott se referiu como *potential breakdown*. O sujeito, sob tais condições, torna-se refém das façanhas e dos esforços extenuantes empreendidos por sua mente para a superação dessa ameaça de despedaçamento, o que está finamente espetacularizado na *tour de force* da pequena Bahareh/Mina, que havendo provavelmente agonizado muitas vezes antes da organização de um *self* pseudomaturo provisoriamente eficaz[20], exibe, sob condições de exigência insuportáveis para qualquer criança da sua idade, uma capacidade de resistência e de insurgência contra a

---

[18] Para uma aplicação filosófica das ideias de Winnicott ao estudo da dialética do reconhecimento, ver Honneth, L. (2003) *Luta por reconhecimento*. São Paulo, Editora 34.

[19] Winnicott ocupou-se detidamente disso em Winnicott, D.W. (1948) Reparation in respect of mother's organized defense against depression. *Trough Paediatrics to Psycho-Analysis*. Bruner/Mazel, New York, 1992.

[20] O braço engessado pode ser um signo demarcativo dessas fraturas.

fatalidade que mal oculta o sobre-esforço o qual, ao salvá-la uma vez mais da morte psíquica faz, paradoxalmente, com que ela morra mais uma e mesmo infinitas vezes.

Considerações finais

O homem criativo, o artista, o escritor, o poeta são freqüentadores regulares das fronteiras onde o *eu* vive o seu *fading* para que a obra possa acontecer. Maurice Blanchot, uma das maiores inteligências que a França novecentista conheceu, estudou como ninguém a íntima relação entre criação e morte. A arte impõe que o criador brinque com a morte, que "introduza algo de jogo onde não existe recurso nem controle". A arte esvoaça em torno da verdade, mas não se deixa consumir pelo seu fogo. O artista esvoaça em torno da morte e, sem se queimar nela, "torna sensível a queimadura e converte-se no que arde e no que comove fria e mentirosamente"[21]. Winnicott afirmou, mais de uma vez, que o homem sadio e criativo sustenta certo *affaire* com a psicose, que está mais próximo desta do que da neurose. É para a ação que belisca essa linha de sombra, que busca esse ponto de fusão, que nos conduzem as experiências mais radicais, como podem ser a criação artística e a aventura psicanalítica. Mais do que com suas palavras, Lacan e Winnicott demonstraram isso com seu ser, com o tremor de suas carcaças, como diria Montaigne[22]. É nesse justo sentido, mais que em teses de psicologia da arte ou psicodinâmica da criação, que arte e psicanálise implicam-se organicamente, fisiologicamente.

Jafar Panahi faz falar a carne ofendida para penetrar poeticamente nos sortilégios da infância e colocar sob a luz do sol os efeitos despercebidos e silenciosos da violência cotidiana contra a criança. Violência que não se expressa estrondosamente, que parece desprovida de intencionalidade, que se resume a pequenos descuidos,

---

[21] Blanchot, M. (1955) *L'espace littéraire*. Paris, Gallimard, 1988 (p.96).

[22] Montaigne, M. (1580/88) *Ensaios*. São Paulo, Abril Cultural, 1980.

a insignificantes lapsos, a desatenções comuns como não ver, não ouvir, não lembrar. Morre-se para viver, morre-se para criar; outras vezes, porém, morre-se apenas, nada se extraindo disso. Que a atenção do artista e do psicanalista se volte para o sofrimento mudo e para as agonias invisíveis que obscurecem a infância sem nem mesmo serem suspeitadas – fazendo com que a infância devenha o próprio inferno, como testemunharam literariamente J.P. Sartre, Graciliano Ramos, Nathalie Sarraute e outros – tem o efeito de fazer com que o existir infantil deixe de ser uma paragem romântica ou uma categoria hipotética e se substancialize, avançando além de uma imagem, de uma palavra, de um significado, e sinalize presencialmente a urgência de um certo *care*, sem o qual toda pretensão de alteridade e todo júbilo de egoidade estarão, de antemão, definitivamente elididos.

Referências

Blanchot, M. (1955) *L'espace littéraire*. Paris, Gallimard, 1988.

Deleuze, G. (1980) *Mil Planaltos*. Assírio & Alvim, Lisboa, 2004.

Carrol, L. (1983) *The Complete Illustrated Works of Lewis Carroll*, London, Canceller Press.

Graña, R.B. (2007) Winnicott e Hume. In: *Origens de Winnicott: ascendentes psicanalíticos e filosóficos de um pensamento original.* São Paulo, Casa do Psicólogo.

Honneth, L. (2003) *Luta por reconhecimento*. São Paulo, editora 34.

Kant, I. (1781) *Crítica da razão pura*. São Paulo, Abril Cultural, 1980.

Khan, M.M. (1963) The concept of cumulative trauma. In: *The privacy of the self.* London, Hogart Press, 1974.

Laznik, M.C. (2005) Role fondateur de l'Autre maternel dans la constitution de l'image du corps. In: *Visages – Cahiers de l'infantile,* Paris, L'Harmattan.

Montaigne, M. (1580/88) *Ensaios*. São Paulo, Abril Cultural, 1980.

Panahi, J. (2011) http://pt.wikipedia.org/wiki/Jafar_Panahi

Spitz, R. (1965) *O primeiro ano de vida*. São Paulo, Martins fontes, 1983.

Stern, D. N. (1985). *The interpersonal world of the infant: A view from psychoanalysis and development psychology*. New York: Basic Books.

Stern, D. N. (2010). *Forms of vitality: Exploring dynamic experience in psychology, the arts, psychotherapy and development*. Oxford: Oxford University Press.

Winnicott, D.W. (1948) Reparation in respect of mother's organized defense against depression. *Trough Paediatrics to Psycho-Analysis*. Bruner/Mazel, New York, 1992.

Winnicott, D.W. (1967) The Location of Cultural Experience. In: *Playing and Reality.* Routledge, London and New York, 1989.

Winnicott (1960) Fear of breakdown. In: *Psychoanalytical explorations.* Harvard University Press, Cambridge, 1989.

Winnicott, D.W. (1967) Mirror-role of mother and family in child development. In: *Playing and Reality.* Routledge, London and New York, 1989.

Winnicott, D.W. (1989) *Psycho-Analytic Explorations*. Harvard University Press, Cambridge, 1992.

4

Fi(ful)gurações do espelho em literatura e psicanálise: Machado, Rosa, Winnicott, Lacan

Prólogo

Os grandes escritores, poetas, romancistas, dramaturgos, cineastas e artistas plásticos compartilham o privilégio de, por colocarem-se mais imediata e profundamente em contato com os níveis primitivos do psiquismo, com o *self* nuclear ou molecular, serem capazes de prenunciar ou antecipar verdades que as disciplinas do conhecimento levarão alguns anos ou décadas, senão séculos, para atingir através dos seus procedimentos metodológicos protocolares.

Entre os principais temas/objetos que espicaçam o intelecto humano e instigam a sua espistemomania circunscreverei, neste capítulo, o fenômeno especular em suas diferentes formas de implicação e apresentação literária. O sintagma do espelho pode servir a distintos propósitos de indicação semiológica: a *travessia*, quando o espelho cessa de ser espelho comum e quem espera nele refletir-se encontra-se subitamente "do outro lado" (figurado como loucura ou morte); a *afirmação*, quando a imagem escópica tonifica a figura acentuando seu contorno, seus detalhes e sua materialidade; e a *negação* (ou dissolução), quando o espelho desintegra o semblante, borrando a figura e provocando o *banishment* do sujeito/objeto do olhar.

O primeiro caso é o mais frequentemente encontrado na narrativa universal, desde a lenda grega de Narciso até *Alice através do espelho*, de Lewis Carrol (1872). O segundo e o terceiro estão notavelmente espetaculizados e contrastados em duas breves narrativas – não necessariamente conhecidas do nosso leitor médio – que enobrecem particularmente a fortuna literária nacional. Trata-se de dois contos homônimos produzidos por dois dos maiores escritores brasileiros e separados por um intervalo de exatos oitenta anos: *O espelho,* de Machado de Assis (1882) e *O espelho*, de Guimarães Rosa (1962). É, pois, no texto literário nativofalante que encontramos o húmus para o desenvolvimento da exposição que se segue, desdobrando-se este ensaio em uma leitura comparativa dos contos referidos que destaca suas relações íntimas com as noções de espelho e de especularidade com que nos deparamos na leitura das obras psicanalíticas de Winnicott e Lacan.

O espelho literarizado (I): Machado de Assis

Conforme ouvi certa vez de um amigo francês[1] versado em sua obra, nosso Machado de Assis "é um dos maiores escritores que o mundo não viu". Aludia ele, obviamente, ao fato de que as barreiras da língua definem limites e circunscrições que obstaculizam, efetivamente, o conhecimento de algumas grandes obras e de autores extraordinários que deveriam compartilhar o Panteão com os grandes e reconhecidos mestres da literatura universal. A inclusão recente do nome do escritor brasileiro entre os cem maiores escritores da história da literatura, por Harold Bloom, indica um tardio e tímido começo de reconhecimento da sua verdadeira grandeza como autor. Muito ignora a crítica, portanto, limitando o seu campo de abrangência aos espaços recortados pelas fronteiras geográficas e lingüísticas que interditam a disseminação da narrativa pela semiosfera.

Os mais de cem contos escritos por Machado de Assis constituem para muitos críticos a parte principal de sua obra. É sobre ela que se centra, igualmente, grande parte das dissertações e teses que ocupam as estantes das bibliotecas dos cursos de graduação e pós-graduação em letras distribuídos pelo país. Machado é, efetiva e unanimemente, apontado pela crítica literária como o nosso contista maior.

---

[1] Pascal Lelarge.

Incluído numa seleção de contos intitulada *Papéis avulsos*, organizada por Machado de Assis em 1882, "O espelho" é uma dessas obras que assinalam o movimento das estruturas no sentido da oportunização de determinados acontecimentos (*événements*) cuja simples ocorrência e inusitada importância retêm o mérito impretendido de manter o mundo das ideias a girar.

Se autores como Shakespeare, Dostoievski, Proust ou Schnitzler parecem compartilhar com Freud a descoberta do inconsciente, do complexo de Édipo e da estrutura dos sonhos e delírios, nosso romancista antecipou em sete décadas uma outra importante descoberta a partir da qual a teoria psicanalítica se abriria para uma nova perspectiva das relações de interdependência e de seu papel na constituição do sujeito humano: a noção de *transicionalidade*, de Donald W. Winnicott.

A teoria do processo maturativo individual formulada por Winnicott[2], o mais importante psicanalista inglês do pós-Freud, apóia-se na ideia de que em seu trânsito do estágio inicial de autoerotismo e narcisismo primário, no qual se encontra logo ao nascer (a *absolute dependence*), até o pleno reconhecimento da realidade externa e compartilhada pelos humanos (a *shared reality*), o bebê realiza um movimento de separação e individuação utilizando-se de determinados objetos que, em diferentes momentos, poderão adquirir uma importância "transitoriamente absoluta" para ele. Nas primeiras ausências da mãe presente e devotada do começo da vida (início do *negative care*), quando ela começa a frustrar gradualmente o seu bebê transferindo parte da atenção e do cuidado que inicialmente lhe dedicava a terceiros, retomando assim interesses e atividades habituais de que abriu mão durante os primeiros meses da vida do filho, o bebê cria/improvisa certos objetos – aos quais recorre com freqüência –, denominados por Winnicott[3] de *transicionais*, que assumem

---

[2] Winnicott, D.W. (1959-1964) *The maturational Processes and the Facilitating Environment*. IUP, Madisson, 1996.

[3] Winnicott, D.W. (1951) Transitional objects and transitional phenomena. In:*Trough Paediatrics to Psycho-Analysis*. Brunner/Mazel, New York, 1992.

uma função sustentadora do *self* por representarem o bebê, a mãe e a relação de ambos para ambos.

Através destes "macetes", destes artifícios maturativos, a perda gradual da onipotência pode ser subjetivamente tolerada pelo bebê, que amadurece sem maiores rupturas ou traumatismos que ameacem interromper o fluxo do desenvolvimento, a sua continuidade de ser (*continuity of being*). Os exemplos mais citados de tais objetos são a fraldinha, o travesseirinho, o ursinho de pelúcia, a ponta de lençol, aos quais o pequeno se apega tenazmente, carregando-os consigo e conferindo-lhes enorme importância sobretudo na hora de dormir. Estes objetos iniciais serão depois espontaneamente substituídos por outros, aos quais se atribuirá igual importância, sendo que ao longo do tempo o campo que eles inauguram, o dos fenômenos e objetos transicionais (*transitional field*), se ampliará e diversificará englobando os múltiplos interesses lúdicos, intelectuais e culturais da criança, do adolescente, e logo também do adulto.

Se a criança não recebe, porém, um cuidado suficientemente bom (*good enough*) de início, tão logo ingresse no mundo humano – o que implica ser empática e amorosamente olhada, segurada, manipulada e alimentada por sua mãe (ou por quem se ocupe disso na ausência dela) – sua vivência narcísica primária, sua ilusão de onipotência (a de ser tudo e de tudo possuir em si), é basicamente perturbada, e seu *self* insuficientemente espelhado e cuidado se desenvolverá com falhas que poderão se expressar de formas diversas. Estas falhas podem ocasionar, ao modo de um efeito sequelar no desenvolvimento emocional, o que denominamos em psicanálise de patologias narcísicas, patologias do vazio, patologias do *self* ou estados esquizoides, os quais se caracterizam por uma suspeita persistente do sujeito sobre a realidade do próprio ser, por uma essencial desconfiança sobre a efetividade da sua existência pessoal e por uma sondagem preventiva sobre as reais intenções dos outros para consigo (Winnicott, 1971).

Em *O espelho* deparamo-nos com uma hipótese metafísica, notavelmente coincidente com estas ideias naquilo que Machado de Assis apresenta como o *Esboço de uma nova teoria da alma humana*. O cotejo das duas perspectivas ontológicas, a psicanalítica e a literária, ilustrará a função epistemogênica da obra ficcional, o seu valor de "conhecimento", que é comparável a sua potencialidade terapêutica, sobre a qual detive-me em outro momento ao estudar a interpenetração vivência-texto na obra de Graciliano Ramos[4].

Machado de Assis introduz-nos num cenário simples, uma ambiência composta apenas pela presença de quatro ou cinco cavaleiros que "(...) debatiam, uma noite, várias questões de alta transcendência, sem que a disparidade dos votos trouxesse a menor alteração dos espíritos" (p.257). A dúvida em afirmar o quatro ou o cinco assinala, de início, algo relacionado à existência questionável do quinto personagem. Este se mantinha à parte do debate, calado, pensando, cochilando, e eventualmente resmungando alguma coisa; recusava-se a discutir, afirmando ser a discussão a forma polida do instinto batalhador, bestial, e que os serafins e querubins, por não discutirem, exemplificavam a perfeição espiritual. Instigado por um dos presentes, porém, a demonstrar o que dizia, ele dispôs-se a falar, com a condição de que todos o escutassem calados e sem interrompê-lo: "Nem conjectura, nem opinião (...)" (p.258), insistiu, porque ambas poderiam levar ao dissentimento e à discussão. Percebe-se, portanto, que a *diferença* era efetivamente insuportável para o "casmurro", e que só sob a condição de borrá-la, pela recusa de interlocução, ele concordava por fim em manifestar-se.

Jacobina, assim se chamava o cavalheiro, propõe-se a relatar um caso da sua própria vida, no qual se introduz pela formulação de uma nova teoria da alma: "Em primeiro lugar, não há uma só alma, há duas (...)", afirma ele, e frente à surpresa dos ouvintes, acrescenta que "(...) cada criatura humana traz duas almas consigo, uma que olha de dentro para fora, outra que olha de fora para dentro (...)". A alma exterior pode ser qualquer coisa: "Há casos, por exemplo, em que um simples botão de camisa é a alma exterior de uma pessoa (...)". Ambas as almas se ocupam de transmitir a vida, "(...) as duas

---

[4] Graña, R.B. (2004) *A carne e a escrita: um estudo psicanalítico sobre a criação literária*. São Paulo, Casa do Psicólogo.

completam o homem, que é, metafisicamente falando, uma laranja. Quem perde uma das metades, perde naturalmente metade da existência; e casos há, não raros, em que a perda da alma exterior implica a da existência inteira" (p.259).

A alma exterior tem por característica transformar-se, mudar de natureza e de estado: "Há cavalheiros, por exemplo, cuja alma exterior, nos primeiros anos, foi um chocalho ou um cavalinho de pau e mais tarde uma provedoria de irmandade, suponhamos" (p.260). Jacobina refere-se, então, a uma experiência pessoal dessas trocas que vivera aos vinte e cinco anos, quando era pobre e acabara de ser nomeado alferes da guarda nacional. Isso foi um acontecimento que orgulhou toda a família, especialmente sua mãe, que de tão contente e envaidecida passou a chamá-lo de "meu alferes". O título provocara admiração geral na comunidade e inveja entre seus pares. Os que eram verdadeiramente amigos decidiram, entretanto, dar-lhe o fardamento de presente. Foi por esta época que uma tia viúva, D. Marcolina, cujo marido havia sido também militar, convidou-o para visitá-la no sítio "escuso e solitário" em que vivia.

A tia encantou-se com a beleza do sobrinho e passou também a chamá-lo seu alferes, "(...) era alferes para cá, alferes para lá, alferes a toda a hora" (p.262), embora ele lhe pedisse que o chamasse de Joãozinho, como antes, ao que ela se recusava, juntamente com o irmão de seu falecido marido, que também ali morava. O entusiasmo da tia chegou a tal ponto que ela mandou colocar no quarto do sobrinho um espelho grande e ornamentado, que decorava a sala e destoava dos móveis humildes da casa. Todos esses carinhos, atenções e obséquios produziram uma estranha transformação, que o "(...) natural sentimento da mocidade ajudou e completou". Jacobina sintetizou-a na frase: "O alferes eliminou o homem". Ficara-lhe "(...) uma parte mínima de humanidade". Sua alma exterior "(...) que era dantes o sol, o ar, o campo, os olhos das moças, mudou de natureza, e passou a ser a cortesia e os rapapés da casa, tudo o que me falava do posto, nada do que me falava do homem". Na medida em que "(...) a consciência do homem se obliterava, a do alferes tornava-se viva e intensa" (p.264), ele tornara-se indiferente às alegrias e dores humanas, e no fim de três semanas era exclusivamente alferes.

Quando, certo dia, a tia é chamada às pressas devido à doença grave de uma de suas filhas, que vivia longe da sua casa, e viaja acompanhada do cunhado, o martírio do sobrinho tem início. Ele permanece na casa com os escravos, mas logo começa a sentir-se estranho, oprimido como num cárcere: "Era a alma exterior que se reduzia; estava agora limitada a alguns espíritos boçais" (p.265). No primeiro dia, os escravos redobraram os cuidados e repetiam o tempo todo a palavra alferes, que adquirira para Jacobina um poder miraculoso. No segundo dia, porém, todos fugiram e ele ficou ali apenas com as galinhas, as mulas e os bois. Logo da constatação de que não havia agora "nenhum ente humano", sua humanidade pareceu também entrar em colapso. Decidido a ficar cuidando a casa, ele esperava pelo retorno do cunhado da tia no mesmo dia ou no dia seguinte. Na inocorrência disto, começara a experimentar "(...) a sensação como de pessoa que houvesse perdido toda ação nervosa, e não retivesse consciência da ação muscular"; algo que ele qualificava como pior que a morte. Sua solidão "(...) tomou proporções enormes. Nunca os dias foram mais compridos, nunca o sol abrasou a terra com uma obstinação mais cansativa" (p.266). O *tic-tac* do relógio da sala feria-lhe a alma interior, desamparada e desprotegida pelo desaparecimento da alma exterior: "Não eram golpes de pêndula, era um diálogo do abismo, um cochicho do nada". O que sentira não era medo; se pudesse ter medo estaria vivo, mas ele se sentia "(...) como um defunto andando, um sonâmbulo, um boneco mecânico" (p.267). Em seus sonhos, que lhe proporcionavam algum alívio, recompunha o cenário de honrarias e titulações. Ele se via sendo elogiado e alçado a patentes mais elevadas; de alferes para tenente, capitão ou major. Quando acordava, porém, voltava ao estado morto-vivo, porque a alma exterior não retornava e a interior perdia sua ação exclusiva que se autossatisfazia no sono. "Nada mais do que a poeira da estrada e o capinzal dos morros" (p.268). Ele comia pouco e mal e recorria a exercícios mentais e físicos tentando aliviar sua "situação moral", mas nada acontecia. Havia apenas o silêncio, sublinhado pelo pavoroso *tic-tac* do relógio.

Desde que a tia partira, Jacobina deixara de olhar-se no espelho, mas no fim de oito dias, no ponto máximo da aflição, ocorreu-lhe voltar a olhar-se com o fim de achar-se dois. O espelho, porém, não lhe "(...) estampou a figura nítida e inteira, mas vaga, esfumada, difusa, sombra de sombra" (p.269). Aterrorizado, ele temeu estar enlouquecendo e decidiu-se a ir embora. Ao vestir-se apressadamente, olhando sempre furtivamente para o espelho que refletia imprecisamente cada gesto seu, ocorreu-lhe, porém, trajar-se com a farda de alferes, o que logo concretizou. Aprontou-se todo e, ao olhar-se agora no espelho, este voltou a reproduzir sua figura integral, linha por linha, impecavelmente, era "(...) o alferes, que achava, enfim, a alma exterior" (p.271). Jacobina sentiu-se emergindo de um letargo, voltando ao que era antes do sono. Retornava de autômato a ente animado. Daí em diante passou a sentar-se na frente do espelho algumas horas por dia, olhando-se e meditando, e assim foi capaz de aguardar o retorno de todos para casa, sem experimentar mais o desespero que havia sido desencadeado pela súbita solidão.

O ponto particularmente salientado pela narrativa machadiana trata da soldagem da alma exterior do sujeito a um objeto particular, o que, segundo Winnicott, indicaria uma estase do processo transicional, uma detenção do desenvolvimento individual que conduziria à adoção de um objeto único (a farda) como suporte externo para um eu (ego) ameaçado de desintegrar-se. Em tais casos Winnicott não mais falaria de objetos transicionais, mas apontaria o surgimento de um objeto-fetiche. O surgimento do fetiche é indicativo da presença de uma angústia intensificada que se liga à impossibilidade de dispor do Outro (inicialmente o ambiente externo e posteriormente o objeto internalizado) na função *holding*, por sua imprevisibilidade, sua fragilidade, sua anempatia, sua desvitalização, etc. Privada dessa presença viva, constante e confiável – a desejável "monotonia" do ambiente, da qual nos fala Winnicott – a criança (e no conto um adulto regredido ao desamparo infantil) se retrai e introduz um "outro" desumanizado no plano imediato de relação. Esse objeto-coisa inegociável, intransferível, assumirá a partir de então uma função de "prótese egóica", instrumento do autocuidado (*self-care*) que permite ao sujeito prescindir do objeto/Outro e garantir sua existência psíquica frente a circunstâncias externas que ameaçam inviabilizá-la – ainda que o *self* se desvitalize e desfigure por efeito dessa ilegítima transação.

O "desespelhamento" que em condições favoráveis acompanha a destruição do objeto (Winnicott, 1971; Graña, 1998) e que sendo sustentado no tempo pela presença de um Outro vivo, empático e confiável (seja ele a mãe ou o analista), poderá precipitar o advento a si, a irrupção do sujeito verdadeiro (equivalente lacaniano do *true self*) , rompendo a máscara psicossocial defensiva (o *false self* ou o *moi alienée* de Lacan), não atinge, em tais situações de dissintonia, o seu ponto de fusão (Winnicott, 1958). O transvestimento defensivo do *self* ameaçado converte em arremedo farsaico o percurso trágico que se anunciava; instituído o fetiche, o falso *self* está no comando, o sujeito safa-se magicamente do desespero e assume – através da manobra fetichista – o inautêntico estatuto do "homem-cargo" ou do "homem-função", descrito por Sartre em *L'être et le néant* (1943).

O que está finamente ilustrado literariamente por Machado de Assis em seu conto é o processo a que Winnicott se refere como a migração do centro de gravidade do ser *from kernel to shell*, ou seja, o deslocamento da existência individual do núcleo – do caroço – para a periferia – para a casca[5]; em tais condições o viver, reduzido ao fazer, assume a forma de uma "existência das bordas". O objeto transicional, cabe aqui salientar, corre o risco permanente de feti-chizar-se – Winnicott parece deixar claro isto no artigo clássico em que o descreve clinicamente e o formaliza como conceito[6] – podendo assumir a forma dos amuletos obsessivos, dos adereços perversos ou,

---

[5] Winnicott, D.W. (1948) Reparation in respect of mother's organized defense against depression. *Trough Paediatrics to Psycho-Analysis*. Bruner/Mazel, New York, 1992. Winnicott, D.W. (1952) Anxiety associated with Insecurity. *Trough Paediatrics to Psycho-Analysis*. Bruner/Mazel, New York, 1992.

[6] Winnicott, D.W. (1951) Transitional Objects and transitional phenomena.In:*Trough Paediatrics to Psycho-Analysis*. Brunner/Mazel, New York, 1992.

em condições extremas, dos objetos autísticos[7]. A fetichização pode, entretanto, instanciar como objeto protético o próprio olhar do Outro. Se o espelhamento inicial não alimenta e sustenta narcisicamente o verdadeiro *self* do bebê – o *self* nuclear, molecular – no mundo e no tempo, a relação congela-se no nível do objeto parcial e passa-se a exigir do Outro não mais do que o olhar. É justamente com este fascínio do olhar, com esta paixão do semblante, que clinicamente nos deparamos nos assim chamados transtornos do *self* ou patologias narcísicas, nos quais se pode constatar de diferentes maneiras que o paciente se sente existir apenas nos olhos dos outros, coincidindo a ausência desse olhar com o *banishment* do sujeito e a captura desse olhar com a sadização ou instrumentalização do objeto, conforme encontramos frequentemente na histeria, feminina e masculina.

O espelho literarizado (II): Guimarães Rosa

Em algum momento da experiência continuada com o texto lacaniano a seguinte questão capturou-me: teria Guimarães Rosa, movido por sua conhecida curiosidade multidisciplinar, chegado a ler Jacques Lacan? Guimarães (1908-1967) e Lacan (1901-1981) foram contemporâneos, é certo, mas se considerarmos a morte prematura de Guimarães Rosa, o fato de que a literatura tornou-se o seu *métie* apenas em meados dos anos quarenta, com a publicação de *Sagarana* (Rosa, 1946) (ele até então se dedicara à medicina) e, de outra parte, o início tardio da leitura da obra de Lacan em nosso meio (anos setenta), considerando-se ainda o fato de que os *Escritos* de Lacan (1966) foram reunidos em livro e publicados pela primeira vez – tornando-se acessíveis também ao público leigo (francês) – em 1966, esta possibilidade converte-se em improbabilidade. Que ambos leram, mais ou menos detidamente, James Joyce e que esta leitura marcou de forma importante suas obras, é de conhecimento

---

[7] Neste sentido, ver o interessante estudo de Carla Graña (2008) sobre o estatuto do objeto transicional em crianças com perda auditiva grave.

comum. O resto, entretanto e mais uma vez, será produto da operância do *zeitgeist*[8], que oportuniza ressonâncias insólitas entre autores que não se conhecem e obras efetivadas no mesmo período de tempo, e às vezes mesmo em tempos diferentes.

Com Lacan e Winnicott a noção de especularidade ingressa no campo categorial da psicanálise de forma decisiva e definitiva. Em Lacan, o *Aha-Erlebniz*, ou a experiência – escandida por uma interjeição – que anuncia a captura do reflexo da imagem do filhote humano no espelho, convalidada como *própria* pelo olhar e pelo discurso do Outro (a testemunha presencial), é condição de possibilidade da unificação do psicossoma, da composição imaginária de uma imagem de si mesmo até então despedaçada (*morcelé*), não integrada (a imagem inconsciente do corpo, de Dolto, 1984), que após esta unificação escópica instaura no indivíduo humano a forma final da "estátua" a partir da qual ele ensaiará dizer-se como sujeito, como um *eu*. Se a alienação primordial no outro – que eleva imaginariamente o sujeito humano acima do real e assegura a sua unificação especular jubilosa frente ao espelho – deve depois dar lugar a um movimento de subjetivação que implica desidentificação, separação, descolonização imaginária e individuação, a imagem escópica/especular deverá, por sua vez, ser objeto de uma destruição agressiva, à qual Leclaire (1975)[9] se referiu como a "morte da representação narcísica primária".

O processo psicanalítico, concebido numa perspectiva lacaniana, implicará, portanto, um necessário estilhaçamento do espelho, da imagem especular, possibilitando a libertação do sujeito de um estado de servidão imaginária ao Outro, o qual é conotado pela errância e pela circularidade das repetições nuas.

Incluído na coletânea *Primeiras estórias,* "O espelho" de Guimarães Rosa (1962) ilustra espetacularmente este processo de desalienação e o estado de absoluta irreferência que o acompanha,

---

[8] O espírito do tempo.
[9] Leclaire, S. (1975). *Matan a um niño: ensayo sobre el narcisismo primário y la pulsión de muerte*. Buenos Aires, Amorrortu, 1990.

a reação de espanto (*thaumas*) e a perda do significado da realidade comum (*tyché*) que mal se distinguem de um estado de despersonalização/desrealização, tal como costuma ser clinicamente descrito.

O narrador propõe-se, de início, a relatar "(...) não uma aventura, mas experiência (...)", à qual foi conduzido por uma alternância de raciocínios e de intuições, que demandou tempo e foi marcada por desânimos e esforços alternados. Desta, ele se preza sem vangloriar-se, segundo diz, mas reconhece que ela o conduziu a penetrar "(...) conhecimento que os outros ainda ignoram".

Ao narratário, suposto senhor sábio e estudioso, ele indaga se sabe "(...) do que seja na verdade – um espelho? Demais, decerto, das noções de física, com que se familiarizou, as leis da óptica". Adverte-o, então: "Reporto-me ao transcendente. Tudo, aliás, é a ponta de um mistério. Inclusive, os fatos. Ou a ausência deles. Duvida? Quando nada acontece, há um milagre que não estamos vendo". Ele esclarece ainda que "O espelho são muitos (...)". Há os bons, os maus e os honestos. Mas "E onde situar o nível e ponto dessa honestidade ou fidedignidade? Como é que o senhor, eu, os restantes próximos, somos, no visível?". Mesmo os retratos, ainda que registrando instantâneos em sequência, serão sempre muito diferentes um do outro. Se não nos apercebemos disso é porque vivemos incorrigivelmente distraídos das coisas mais importantes e levamos máscaras moldadas nos rostos. Estas acunham a forma, mas não explodem a expressão. O narrador adverte ainda o narratário: "(...) é de fenômenos sutis que estamos tratando" (p. 71).

Mesmo as visões do rosto de outra pessoa e o da própria imagem no espelho seriam, para ele, exemplos ou experimentos pouco rigorosos, "(...) em vista das irredutíveis deformações, de ordem psicológica". Infelizmente os nossos olhos não são nada confiáveis, padecem "(...) viciação de origem, defeitos com que cresceram e a que se afizeram, mais e mais (...) Os olhos, por enquanto, são a porta do engano (...) a espécie humana peleja para impor ao latejante mundo um pouco de rotina e lógica, mas algo ou alguém de tudo faz frincha para rir-se da gente (...)" (p.72).

Observe-se aqui quão sutilmente as imagens literárias que se desprendem do texto incorporam ideias filosóficas e noções psicanalíticas numa silenciosa intertextualidade: os defeitos e deformações do olhar – o *semblant*, o imaginário/ilusório de Lacan, sua função de equívoco e desconhecimento; o esforço errante (heideggeriano) mas infatigável do *dasein* para ordenar logicamente o mundo – acessar, preservar, fazer viger o simbólico; mas há um "alguém" (o anônimo coletivo blanchotiano[10]) que goza os nossos insucessos e torpezas – o Outro, de Lacan, que encontramos continuamente referido por Guimarães Rosa (1956), como Deus, o Diabo ou simplesmente o Demo, em *Grande sertão: Veredas*.

O narrador de *O espelho*, dando seqüência ao seu experimento, recorta o campo da investigação: "Note que meus reparos limitam-se ao capítulo dos espelhos planos, de uso comum". Ele explica que existem ainda outros tantos, os côncavos, convexos, parabólicos, tridimensionais, tetradimensionais, mas não irá considerá-los na sua inquirição. Alega que, se só usamos os planos "(...) deve-se a que primeiro a humanidade mirou-se na superfície de água quieta, lagoas, lameiros, fontes, delas aprendendo a fazer tais utensílios de metal ou cristal. Tirésias, contudo, já havia predito ao belo Narciso que ele viveria apenas enquanto a si mesmo não se visse (...) Sim, são para se ter medo, os espelhos" (p.72).

Há igualmente o risco, sempre presente, de que os espelhos reflitam não apenas inexatamente a imagem do visante, mas de alguma coisa medonha, espantosa. O narrador, porém, afirma ser um homem positivo e racional que anda no chão "a pés e patas". Indaga-se, por conseguinte: "Que amedrontadora visão seria então aquela? Quem o monstro?". Será que temos a revivência de expressões atávicas? Seria o reflexo no espelho a alma da pessoa? "A alma do espelho – anote-a – esplêndida metáfora".

Temendo alongar-se em especulações, ele propõe-se logo a relatar a insólita experiência, a qual se origina, entretanto, de circunstâncias prosaicas: "Foi num lavatório de edifício público, por

---

[10] Ver Blanchot, 1955.

acaso. Descuidado avistei (...) Explico-lhe: dois espelhos – um de parede, o outro de porta lateral, aberta em ângulo propício – faziam jogo. E o que enxerguei, por instante, foi uma figura, perfil humano, desagradável ao derradeiro grau, repulsivo senão hediondo. Deu-me náuseas, aquele homem, causava-me ódio e susto, eriçamento, espavor. E era – logo descobri... era eu, mesmo! (...) Desde aí comecei a procurar-me – ao eu por detrás de mim[11] – à tona dos espelhos (...) Isso, que se saiba, antes ninguém tentara. Quem se olha em espelho, o faz partindo de preconceito afetivo, de um mais ou menos falaz pressuposto (...)" (p.73).

Dito de outra forma, buscamos no espelho as figurações do familiar, o reflexo de uma imagem esperada, estabelecida por uma relação de causalidade a partir de incontáveis repetições da mesma experiência no tempo, aquilo a que Hume (1739[1740]) denominava o *hábito* no seu Treatise[12]. "O que se busca, então, é verificar, acertar, trabalhar um *modelo* subjetivo, preexistente; enfim, ampliar o ilusório, mediante sucessivas novas capas de ilusão. Eu, porém, era um perquiridor imparcial, neutro absolutamente".

Fiel a seu propósito, o perquiridor servia-se de artifícios e procedimentos experimentais os mais diversos, buscando incansavelmente surpreender-se ou capturar-se em ângulos, posições e expressões faciais de afetos inusitados. "Sobreabriam-se-me enigmas. Se, por exemplo, em estado de ódio, o senhor enfrenta objetivamente a sua imagem, vê-se que o ódio reflui e recrudesce, em tremendas multiplicações: e o senhor vê, então, que, de fato, só se odeia a si mesmo". (Dito que percute notável consonância com um Lacan que afirma: *Tu hais ce que tu est*" [Tu odeias isto que tu és]). A qualidade delusória do *semblant*, sua ação de velamento, de desconhecimento, é igualmente remarcada pelo investigador: "Soube-o: os olhos da gente não tem fim. Só eles paravam imutáveis, no centro do segredo. Se é que de mim não zombassem, para lá de uma máscara. Porque o resto, o rosto, mudava permanentemente." E repercutindo, pascalinamente,

---

[11] O Outro, o Estranho, o Ensombrecido.
[12] Ver Hume, D. (1739[1740]). *A treatise of human nature*. London, Penguin Books, 1985.

um aforismo metafísico e ceticista, ele sintetiza: "O senhor, como os demais, não vê que seu rosto é apenas um movimento deceptivo, constante".

Cientificado disso, acrescenta o perquiridor: "Sendo assim, necessitava eu de transverberar o embuço, a travisagem daquela *máscara*, a fito de devassar o núcleo dessa nebulosa – a minha vera forma" (p.74). (Processo que encontramos filosoficamente enunciado na cláusula hegeliana do advento a si, na irrupção do sujeito em sua verdade). Decide, então, submeter as componentes do *rosto externo* a um "bloqueio visual" ou "anulamento perceptivo"; recurso ao qual nos referimos, em antífrase, como um *ficar cego para ver,* aparentado não apenas com a *epoché* husserliana – o colocar entre parênteses o mundo sensível, a realidade empírica, para operar a sua redução essencial – mas com o recomendável enquadramento da análise que instrui à situação do analista (o Outro) fora do campo visual do analisando. Conduzindo ao seu extremo o "movimento deceptivo" o inquiridor persegue as formas mais rudimentares, mais grosseiras, orientando-se ao animal no homem. Suspeitando-se assemelhado à onça, dispõe-se a eliminar, erradicar do espelho, os traços que recordassem o felino. Necessitava "olhar não vendo", eliminar de seu rosto o resíduo bestial, sem apreender-se seguro de consegui-lo. Para isso utilizou-se de manobras empíricas que envolviam diferentes níveis de gradação de luz e sombra, luzes coloridas, e mesmo pomadas fosforescentes. Como "(...) perseguia uma realidade experimental, não uma hipótese imaginária", creu-se a fazer progressos: "Pouco a pouco, no campo-de-vista do espelho, minha figura reproduzia-se lacunar, com atenuadas, quase apagadas de todo, aquelas partes excrecentes" (p.75). No espelho rosiano, opostamente ao machadiano, a evanescência da imagem, o *fading* do eu imaginário, seu *des-ser*, como diria Lacan, vetoriza um desígnio maior, o transcender-se. Ele persegue despojar-se do "(...) elemento hereditário – as parecenças com os pais e avós – que são também, nos nossos rostos, um lastro evolutivo residual. Ah, meu amigo, nem no ovo o pinto está intacto". Investe ainda contra "(...) o que, em nossas caras, materializa ideias e sugestões de outrem (...)". Veja-se que esplêndida referência literária à ação antecipatória do *trait*, à marca originária do significante no real. Somos os outros antes mesmo de crer-nos ser. Despojemo-nos, portanto, desses adesivos, dessas colagens, se ansiamos efetivamente, como o escriba rosiano, aceder à nossa *vera forma*.

Ele atravessará, entretanto, um momento no qual se sentirá vacilar; seu "(...) esquema perspectivo clivava-se, em forma meândrica, a modos de couve-flor ou bucho de boi (...)". Sua imagem estilhaçava-se, atomizava-se; por conta disto, conjectura o narrador, "(...) não obstante os cuidados com a saúde, comecei a sofrer dores de cabeça. Será que me acovardei, sem menos?". Ao recordar-se, porém, da antiga representação da Prudência pelos antigos, uma serpente enrolada em torno de um espelho, ele decide-se por uma medida protetiva: "De golpe, abandonei a investigação. Deixei por meses de me olhar em qualquer espelho". Submergira, pois, propositadamente, no cotidiano, na conversação prosaica (na *fala vazia* de Lacan, no *falatório* heideggeriano), no termo médio da experiência corriqueira. Rendia-se, desse modo, a um abandono inevitável e ocasionalmente necessário.

Entregue assim à errância, ocorre que: "Um dia... (...) lhe digo que me olhei num espelho e não me vi. Não vi nada". Num misto de espanto e júbilo, brotava-lhe a mais essencial indagação: "Eu não tinha formas, rosto? Apalpei-me, em muito. Mas, o invisto. O ficto. O sem evidência. Eu era – o transparente contemplador?". Aturdido, fatigado, ele se deixa cair sobre uma poltrona. "Voltei a querer encarar-me. Nada" (p.76). No polido nada, nem mesmo seus olhos eram refletidos pelo espelho. Ele se despojara "(...) até à total desfigura". Chegara à estarrecedora questão/conclusão: "(...) não haveria em mim uma existência central, pessoal, autônoma?". O *des-ser*, o desespelhamento, a desidentificação à *imago* atingira agora o ponto de máxima dissolução. A ilusão egóica desvanecia-se radicalmente, atingia sua linha de banimento, de completa desterritorialização. "Então, o que se me fingia de um suposto *eu*, não era mais que, sobre a persistência do animal, um pouco de herança, de soltos instintos, energia passional estranha, um entrecruzar-se de influências, e tudo o mais que na impermanência se indefine?". Esta experiência de caráter redutivo, conforme propõe Lacan (1964), é a fenda aberta em *automaton*, a ruína imaginária, a dessemantização da realidade indicativa da *tyché*, da irrupção do *real*. Mas é também, não obstante, a condição formal (embora *formless*) de um *new beginning*, de todo novo começo pretendido.

O perquiridor desata todas as velas do espanto. Enuncia, então, ao narratário, sem mais interrogar-se: "Seríamos não muito mais que as crianças – o espírito do viver não passando de ímpetos espasmódicos, relampejados entre miragens: a esperança e a memória". Ele conjectura, pontualmente, a provável estupefação de quem o escuta: "Mas o senhor estará achando que desvario e desoriento-me, confundindo o físico, o hiperfísico e o transfísico (...) Estará pensando que, do que eu disse, nada se acerta, nada prova nada (...) Mesmo que tudo fosse verdade, não seria mais que reles obsessão auto-sugestiva, e o despropósito de pretender que psiquismo ou alma se retratassem em espelho (...)". Ele insta o seu interlocutor por mais paciência e tempo: "Releve-me. E deixe que o final de meu capítulo traga luzes ao até agora aventado (...) São sucessos muito de ordem íntima, de caráter assaz esquisito. Narro-os, sob palavra, sob segredo. Pejo-me". O narrador, por fim, encaminha-se para a conclusão do seu relato; a narrativa rosiana ultrapassa agora o seu ponto paroxístico: "Pois foi que, mais tarde, anos, ao fim de uma ocasião de sofrimentos grandes, de novo me defrontei – não rosto a rosto. O espelho mostrou-me. Ouça. Por um certo tempo, nada enxerguei. Só então, só depois: o tênue começo de uma luz que se nublava, aos poucos tentando-se em débil cintilação, radiância (...)" (p.77). E a narrativa se encerra de forma tão terna e singela quanto sibilina e vertiginosa: "E...Sim, vi a mim mesmo, de novo, meu rosto, um rosto; não este que o senhor razoavelmente me atribui. Mas o ainda-nem-rosto – quase delineado, apenas – mal emergindo qual uma flor pelágica, de nascimento abissal... E era não mais que: rostinho de menino, de menos-que-menino, só. Só. Será que o senhor nunca compreenderá?". Na condução do experimento a este extremo da sondagem ontológica, a este limite onde o ser elementar e o vazio metafísico entrecruzam suas mãos sobre o abismo – o intangível grau zero da subjetividade –, o estatuto metafísico da alma humana é radicalmente questionado. Será nosso mundo o plano ou a intersecção de planos em que as almas acabam de completar-se? O inquiridor contemporiza: "Se sim, a 'vida' consiste em experiência extrema e séria; sua técnica – ou pelo menos parte – exigindo o consciente alijamento, o despojamento, de tudo o que obstrui o crescer da alma, o que a atulha e soterra? Depois, o 'salto mortale' (...) E o julgamento-problema, podendo sobrevir com a simples pergunta: – 'Você chegou a existir'?" (p.78).

Certamente não seria impróprio – particularmente, acredito que seja mesmo recomendável – que o término da experiência analítica se marcasse pela abertura a esse horizonte de insondabilidade; não exatamente por um atravessamento, mas pelo ultrapassamento das fantasias fundamentais, até o salto sobre o nada; ultrapassamento de certa zona de desespero para além da qual a existência humana se inicia, como sabiamente afirmou Sartre[13]. O analista intervém, segundo Lacan, sobre a repetição, a reiteração, a persistente tentativa do analisando de atualizar a *imago* – a imagem que o formou e que o opera, mas que ele, inocentemente, desconhece –, intervém sobre a relação imaginária com o fito e o efeito de fazê-la explodir. Seu desejo é desejo de alteridade, desejo de distinção[14], é fundamentalmente desejo de diferença[15]. Imantado pelo espelho, tornado habitante do aspecto, o ente humano esperdiça-se no circuito da familiaridade e da cotidianidade[16]; quando a ação analítica estilhaça a imagem especular promove, simultaneamente, o jorro do sujeito. Mas *isso* esguicha tão desordenadamente que esse sujeito, o sujeito do *événement*, é assombroso, espantoso, sem significado, ainda *formless*.

Como escreveu Badiou[17], com a propriedade de quem estudou profundamente o acontecimento e os processos de subjetivação: "Um

---

[13] Ver Sartre, J.P. (1947) *Las moscas*. Madrid, Alianza Editorial, 1981.
[14] Roustang, F. *La eficácia del psicoanalisis*. Proto 3, SPPEL, s.d.
[15] Deleuze, G. (1968) *Diferença e repetição*. Ed. Graal, São Paulo, 2006.
[16] Heidegger, M. (1927). *El ser y el tiempo*. México: Nueva Visión, 2000.
[17] Ver Badiou, A. (1988) *Lêtre et l'événement*. Paris, Éditions du Seuil.

sujeito não é em absoluto a organização de um sentido da experiência. Ele não é uma função transcendental. Se a palavra 'experiência' é significativa, ela designa a apresentação como tal. Ora, oriundo do ultra-um eventual qualificado por um nome supranumerário, um procedimento genérico não coincide em absoluto com apresentação" (p.307). O procedimento genérico é prerrogativa do ordenamento sistemático, de uma crença-ação comum que sustenta uma coletividade pensante, da circularidade especular que está na base da ciência e da religião, na medida em que delimita o território onde o sujeito da consciência (o eu) transita confiavelmente assegurando-se a cada passo da solidez do solo em que pisa. É por isso, segundo Badiou, que se torna "absolutamente necessário abandonar toda a noção do sujeito que supusesse conhecer a verdade, ou que estaria ajustada a ela. Sendo o momento local da verdade, o sujeito falha em sustentar sua adjunção global. Toda verdade é transcendente ao sujeito, precisamente porque todo o ser deste é sustentar sua efetuação. O sujeito não é consciência nem inconsciência do verdadeiro" (p.311).

O sujeito, este a que aqui se fez referência, apenas *é*, no sentido parmenidiano, mas também lacaniano, porque não pensa, *ergo est*. Quando a imagem especular se desfez – diz-nos o inquiridor rosiano da alma humana –, por um certo tempo ele nada enxergou. Só depois, o início de uma luz tênue começou a esboçar um novo rosto, mas rosto que é "um ainda-nem-rosto", um rosto "quase delineado", um "não mais que: rostinho de menino, de menos-que-menino". Raríssimas descrições dos "novos começos" – ideia que exerceu certo fascínio sobre Winnicott e Lacan, os quais rendem tributo ao incomum talento clínico de Balint – foram tão agudamente penetrantes partindo da pena dos *experts* no assunto; raras se investiram da ousadia desbravadora desta breve narrativa. De muita literatura faz-se um psicanalista; Lacan e Winnicott o demostraram com seu ser, tanto ou mais do que o disseram. Se a psicanálise sobreviver – ela que lida com algo tão difícil –, privilégio que está de antemão assegurado às religiões, como afirma Lacan[18], será por fundar as suas

---

[18] Lacan, .J. (2005) *Le triomphe de la religion*. Paris, Éditions du Seuil.

raízes na cultura. Assim se produz o mais eficiente antídoto contra as reiteradas tentativas de cientifização ou de messianização que ela sofre, sem que muitos psicanalistas se apercebam que a maior sutileza desses ataques é a de não se deixarem imediatamente reconhecer como tais. Isto "soma", dizem os porta-vozes da psicanálise inculta, isto confere seriedade e crédito a "nossa" disciplina, que necessita, afinal de contas – agregam eles – avançar além do estágio conjectural.

Epílogo

Este comentário conclusivo não carrega consigo a intenção de realizar uma síntese interpretativa do que foi já devidamente mostrado e comentado. Se a psicanálise tem como ficção de origem o desvelamento hermenêutico de textos épicos, trágicos e romanescos, é também a estes que ela recorre quando a dimensão do insólito necessita ser tocada. Freud, Lacan e Winnicott foram *des gens extrêmement cultivés*, como diria Philippe Sollers[19]; seu diálogo ininterrupto com a cultura permitiu-lhes avançar a investigação quando o campo se fechava por um excesso saturante da razão científica ou da própria linguagem da metapsicologia. A literatura, talvez mais ainda que a filosofia, aponta para novas veredas, para vias do saber que o pensamento formal não poderia linearmente alcançar; os dois contos "metafísicos" de Guimarães Rosa e Machado de Assis não fazem mais que realçar a potencialidade heurística e desveladora[20] do texto literário. A experiência analítica, assim como a aventura literária, é movida por uma lógica própria, a do inconsciente, que se abre de súbito para o sentido, ex-plode, permitindo a cintilação do novo, a suplementação do improvável. Minha convicção de que a psicanálise opera em um campo próprio, eqüidistante da arte, da ciência e da filosofia, (embora sustentando uma permanente interdiscursividade

---

[19] Ver Sollers, P. (2005) *Lacan même*. Paris, Navarin Editeur.

[20] Em *A carne e a escrita* (2005) defendi também a sua potencialidade terapêutica.

com estas vizinhanças do saber) não devendo confundir-se com nenhuma delas, reafirma o meu propósito prescritivo endereçado ao analista em formação: a sugestão de que leia romances, contos, poesia e previna – servindo-se dessa experiência verdadeiramente formadora – o extravio técnico/tecnológico que cada vez mais se evidencia nas recomendações "instrutivas" daqueles que alvitram, bastante pretensiosamente, encarregar-se "cientificamente" dos padecimentos íntimos que acossam a alma humana no seu efêmero, precário e etéreo tramitar.

Referências

Assis, J. M. M. (1882) *Papéis avulsos.* Jackson Editores, Rio de Janeiro, 1957.

Badiou, A. (1988) *Lêtre et l'événement.* Paris, Éditions du Seuil.

Blanchot, M. (1955) *L'espace littéraire.* Paris, Gallimard, 1988.

Carrol, L. (1872) *The complete illustrated works of Lewis Carrol.* London: Chancellor Press, 1982.

Deleuze, G. (1968) *Diferença e repetição.* Ed. Graal, São Paulo, 2006.

Dolto, F. (1984) *L'image inconsciente du corps.* Paris: Seuil, 1992.

Graña, C. G. (2008) A aquisição da linguagem nas crianças surdas e suas peculiaridades no uso do objeto transicional: um estudo de caso. http://www.revistacontemporanea.org.br/site/wp-content/artigos/artigo170.pdf

Graña, R. B. (1998) Relação, destruição e uso de objeto: *egoidade* e *alteridade* numa perspectiva epistêmica winnicottiana. *Revista Brasileira de Psicanálise*, vol.32, n°3, 1988.

Graña, R. B. (2005) *A carne e a escrita: um estudo psicanalítico sobre a criação literária.* São Paulo, Casa do Psicólogo.

Heidegger, M. (1927) *El ser y el tiempo.* México, Nueva Visión, 2000.

Hume, D. (1739[1740]). *A treatise of human nature.* London, Penguin Books, 1985.

Lacan, J. (1964) *Les quatre concepts fondamentaux de la psychanalyse* – Le Séminaire XI. Paris: Éditions du Seuil, 1973.

Lacan, J. (1966) *Écrits.* Paris, Seuil, 1999.

Lacan, .J. (2005) *Le triomphe de la religion.* Paris, Éditions du Seuil.

Leclaire, S. (1975) *Matan a um niño: ensayo sobre el narcisismo primário y la pulsión de muerte.* Buenos Aires, Amorrortu, 1990.

Rosa, J. G. (1946) *Sagarana.* Rio de Janeiro: Record, 1984.

Rosa, J. G. (1956) *Grande sertão: Veredas.* Rio de Janeiro, Nova Fronteira, 1986.

Rosa, J. G. (1962) *Primeiras Estórias.* José Olympio Editora, Rio de Janeiro, 1972.

Roustang, F. *La eficácia del psicoanalisis.* Proto 3, SPPEL, s.d.

Sartre, J. P. (1947) *Las moscas.* Madrid, Alianza Editorial, 1981.

Sartre, J. P. (1943) *L'Être et le néant.* Paris, Gallimard, 1971.

Sollers, P. (2005) *Lacan même.* Paris, Navarin Editeur.

Winnicott, D. W. (1948) Reparation in respect of mother's organized defense against depression. *Trough Paediatrics to Psycho-Analysis.* Bruner/Mazel, New York, 1992.

Winnicott, D. W. (1952) Anxiety associated with Insecurity. *Trough Paediatrics to Psycho-Analysis.* Bruner/Mazel, New York, 1992.

Winnicott, D. W. (1951) Transitional Objects and transitional phenomena. In:*Trough Paediatrics to Psycho-Analysis.* Brunner/Mazel, New York, 1992.

Winnicott, D. W. (1958) The capacity to be alone. In:*The maturational processes and the facilitating environment.* Madison: IUP, 1996.

Winnicott, D. W. (1958) *Trough paediatrics to psycho-analysis.* New York: Brunner/Mazel, 1992.

Winnicott, D. W. (1959-1964) The maturational Processes and the Facilitating Environment. IUP, Madisson, 1996.

Winnicott, D. W. (1971) The use of an object and relating through identifications. In: *Playing and Reality.* Routledge, London and New York, 1989.

Winnicott, D. W. (1971) *Playing and reality.* London: Routledge, 1989.

5

Winnicott ◊ Lacan: esboço de análise crítico-semiológica de um brevíssimo intercâmbio epistolar

O *milieu*

Em 1953 Winnicott viajou a Paris liderando formalmente um comitê da IPA destinado a examinar a candidatura da nova Sociedade Francesa de Psicanálise, que postulava sua filiação à *International Psychoanalytical Association*. A SFP era na sua grande maioria composta por ex-membros e candidatos da Sociedade Psicanalítica de Paris, com a qual Jacques Lacan, seguido pelo grupo que o apoiava, rompera em decorrência das restrições da IPA a sua prática das sessões curtas, suas idiossincrasias pessoais (modos extravagantes de vestir e falar), seu excesso de autonomia e ao papel desempenhado pela idealização nas suas relações com alunos e supervisionandos no marco institucional.

A comissão era composta, além de Winnicott, por Phyllis Greenacre, Willi Hoffer e Jeanne Lampl de Groot, a qual fora encarregada de entrevistar os líderes do que foi, eventualmente, considerado pela IPA uma rebelião. Winnicott ocupou-se principalmente com a condução dos trabalhos, mas na condição de clínico da infância entrevistou Françoise Dolto, que era, como ele, psicanalista de crianças – além de ser uma grande amiga, discípula e parceira institucional de Lacan ao longo da vida. Ele considerou sua prática clínica qualificada e sugeriu que ela fosse mantida no quadro da nova sociedade; não foi, porém, favorável à indicação de Dolto para a função de didata. Segundo Winnicott, ela não tinha um método definido e "suscitava em relação a sua pessoa uma transferência selvagem". Por conta disso, recomendou que ela não tivesse contato com os jovens (candidatos), em seminários e análises de formação, para que estes não sofressem diretamente a sua influência. Embora Winnicott tivesse elogiado o talento clínico de Dolto, a comissão, segundo Elisabeth Roudinesco, fez "um julgamento tão negativo sobre sua prática quanto sobre a de Lacan. A este último reprovou acima de tudo as sessões curtas. Ao que eram acrescentadas críticas de outra natureza: sedução em relação aos alunos, incapacidade de analisar a transferência, risco de uma influência demasiado grande e prejudicial no interior da SFP"[1].

A forma assumida por esta intervenção e os efeitos político-administrativos determinados por seu relatório seriam talvez suficientes para que a relação Winnicott/Lacan se visse de início inviabilizada, tendo em vista especialmente a grande suscetibilidade narcísica de um Lacan que apenas começava a destacar-se no cenário psicanalítico internacional pela originalidade de suas ideias (1953 foi também o ano em que ele escreveu *Função e campo da fala e da linguagem em psicanálise*[2], o seu famoso Discurso de Roma, e em que sistematizou o seu ensino sob a forma de *Seminários*). Não obstante, isso não aconteceu. Por razões não totalmente compreensíveis, nos anos seguintes Lacan se mostraria cada vez mais interessado pelos escritos de Winnicott e, em seu Seminário dos anos 1956-57, *A relação de objeto*[3], ele teria Winnicott como uma referência constante, recorrendo com freqüência ao seu conceito de objeto transicional, o qual considerava um dos mais importantes conceitos psicanalíticos forjados no pós-Freud. "Foi a partir dele que formulamos inicialmente o objeto *a*", dirá Lacan em seu resumo de *O ato psicanalítico*, seu Seminário dos anos 1967-68[4].

---

[1] Roudinesco, E. (1993) *Jacques Lacan – esboço de uma vida, história de um sistema de pensamento*. Companhia das Letras, São Paulo, 1994 (p.254).

[2] Lacan, J. (1953) Fonction et champ de la parole et du langage em psychanalyse. *Écrits I*. Paris, Éditions du Seuil, 1999.

[3] Lacan, J. (1994) *La relation d'objet. Le Seminaire – Livre IV (1956-1957)*. Paris, Seuil.

[4] Lacan, J. (1969) O ato psicanalítico: resumo do Seminário de 1967-1968. Em: *Outros Escritos*. Rio de Janeiro, Jorge Zahar, 2003 (p.376).

Da criação da Sociedade Francesa de Psicanálise, em 1953, até o afastamento definitivo de Lacan dos quadros da IPA, em 1963 – acontecimento ao qual ele se referiria sarcástica e ressentidamente como "O Expurgo" – passaram-se dez anos tensos para a comunidade psicanalítica francesa, particularmente para o grupo lacaniano. Em 1959, durante o congresso de Copenhague, designou-se um novo *visiting committee* com a finalidade de mais uma vez examinar a candidatura da nova instituição, que há seis anos permanecia emperrada. Diferentemente do anterior, este novo comitê estava investido de preconceitos e influenciado por alguns mitos que afetavam e enfeitavam negativamente a situação crítica da psicanálise na França. Segundo Roudinesco, o comitê mais se assemelhava a uma comissão de inquérito, não possuía nenhuma personalidade célebre do movimento freudiano, como um Winnicott (embora fosse liderada por Paula Heimann, uma ex-kleiniana em ascensão) e, sendo ligado a Marie Bonaparte, assumira o compromisso tácito de preservar a legitimidade e a exclusividade da Sociedade Psicanalítica de Paris.

Os dois relatórios redigidos por Pierre Turquet, único membro deste comitê favorável à permanência de Lacan nos quadros da *International* (os outros dois, Ilse Hellman e Pieter Van der Leeuw, eram hostis aos contestatários e nunca chegaram a entender a importância da pessoa e do pensamento de Lacan, acreditando que a psicanálise não era mais que uma terapêutica e que a obra de Freud não deveria ser interpretada à luz dos conhecimentos filosóficos) foram, ao fim, negativos para o grupo francês. Turquet, que era a princípio um simpatizante e admirador de Lacan, e que num primeiro momento esforçou-se juntamente com Granoff e Leclaire[5], analistas da IPA e lacanianos ardorosos, para legitimar a nova Sociedade e a função de Lacan como didata, esperava que Lacan concordasse com a redução do número de seus analisandos e com a normalização do

---

[5] Wladimir Granoff, Serge Leclaire e François Perrier, constituíram a assim chamada Tróica, e foram os mais bravos guerreiros lacanianos a defender a legitimidade freudiana do ensino do Mestre/Senhor e a importância, para Lacan e para a Internacional, da sua permanência como didata na SFP e no interior dos quadros da IPA.

tempo das sessões. Imbuídos do mesmo espírito, Leclaire e Granoff asseguraram-lhe que isso seria possível, embora soubessem intimamente que Lacan dificilmente se submeteria a estas condições. Turquet pode certificar-se, entretanto, através de longas séries de interrogatórios com membros e candidatos da SFP, realizados entre 1961 e 1963, que "Lacan não apenas não renunciava à sua prática, mas continuava a aumentar o número dos seus analisandos, embora, diante da comissão, jurasse em alto e bom som que suas sessões eram de duração normal"[6].

A posição de Turquet, segundo tudo indica, não poderia ter sido mais correta e mais coerente do que foi. Apercebendo-se de que se encontrava frente a uma situação de complexidade maior e capaz de despertar paixões as mais intensas e conflitantes (três quartas partes dos membros da SFP, que eram constituídas pelos alunos mais jovens e menos brilhantes, divinizavam Lacan e desejavam a sua permanência como didata da SFP, sendo que os demais, mais brilhantes, experientes e autônomos, reservavam-se ao falar da prática de Lacan, embora admirassem a sua inteligência e o seu ensino), ele ateve-se a uma ética que temperava as exigências do Executivo Central da IPA com as suas próprias percepções e juízos e que o levou a sugerir a permanência de Lacan nos quadros da SFP e da IPA impedindo-o, porém, do exercício da função didática.

Elisabeth Roudinesco esclarece as razões de tal decisão, aparentemente digna e justa: "Porque segundo os critérios da IPA, os métodos de Lacan eram inaceitáveis. O homem fazia promessas que não cumpria, seduzia seus pacientes e estes mostravam-se ora demasiado servis em relação a ele, ora demasiado rebeldes. Em uma palavra, Lacan era um 'líder carismático' e não um técnico da didática". Roudinesco compara e contrasta a situação de Lacan na Sociedade Francesa com a situação de Klein na Sociedade Britânica e destaca o ponto que determinou a diferença nas circunstâncias institucionais e nos termos de tolerância que definiram as posições

---

[6] Roudinesco, E. (1993) *Jacques Lacan – esboço de uma vida, história de um sistema de pensamento*. Companhia das Letras, São Paulo, 1994 (p.257).

normativas e as conclusões em cada caso: "Tudo isso é verdade, mas Pierre Turquet e Paula Heimann bem sabiam que tais fenômenos de transgressão, de culto e de sedução tinham existido em mesmo grau na BPS, na roda de Melanie Klein. Ora, o kleinismo permanecera um componente essencial da IPA. Deve ser dito que Klein e os membros de seu grupo haviam elaborado uma doutrina da análise tecnicamente aceitável pela IPA, o que não era de fato o caso de Lacan entre 1960 e 1963..." (p.258).

O "banimento" sobreviria um mês após o congresso de Londres, ocasião em que Lacan pretendeu expor e explicar a sua doutrina frente às autoridades da IPA. Ao longo de sua exposição, porém, atrapalhou-se com a língua inglesa e acabou solicitando ajuda da audiência para traduzir alguns conceitos seus, ao que esta respondeu com um total silêncio, o que o fez desistir de argumentar e abandonar a sala indignado. A decisão final da IPA foi-lhe comunicada em agosto de 1963, quando participava de um seminário em Estocolmo. Era sem dúvida um trágico epílogo para o percurso institucional de um homem trágico.

As cartas

Foi neste ínterim (60-63) que Winnicott e Lacan trocaram cartas, as duas únicas de que se tem notícia, embora eles já houvessem compartilhado outros momentos, ideias e informações conforme se depreende do conteúdo das próprias cartas. A carta de Winnicott, datada de 11 de fevereiro de 1960, é breve e parece ter a finalidade de responder a uma oferta espontânea (mas provavelmente movida por propósitos políticos de reaproximação com a matriz) de Lacan para realizar uma conferência em Londres e de agradecer a Lacan a gentileza de haver traduzido e publicado em Paris o seu trabalho clássico sobre os fenômenos e objetos transicionais[7].

---

[7] Ver Winnicott, D.W. (1951)Transitional Objects and transitional phenomena. In:*Trough Paediatrics to Psycho-Analysis.* Brunner/Mazel, New York, 1992.

Winnicott o trata por "Caro Dr. Lacan" e inicia dizendo estar muito contente por ter em suas mãos o último número da revista *La Psychanalise*, criada por Lacan, onde havia acabado de sair a tradução do seu escrito. Ele agradece a Lacan pelo grande cuidado que tomou com todos os detalhes da tradução e diz sentir-se em dívida com este não apenas por isso, mas também pelo fato de seu artigo estar agora disponível em língua francesa. Logo, referindo-se a um trabalho que Lacan lhe havia enviado para que o lesse e comentasse, um escrito sobre a teoria do simbolismo de Ernest Jones[8], revela que não havia ainda conseguido "assimilar propriamente o seu sentido ou avaliar a sua significância". Trata-se aqui, obviamente, de significância (*significance*) no sentido de importância, e não de significação, já que a referência ao sentido havia sido feita imediatamente antes com o emprego da palavra *meaning*. Em se tratando de um homem de gênio como Winnicott, no qual Lacan parecia às vezes vislumbrar um outro especular de língua inglesa, pode-se supor o efeito desconcertante desta sincera confissão sobre o narcisismo abalado do emergente mestre francês. O parágrafo que segue é constituído de um único período, no qual Winnicott aponta um erro de grafia em seu nome. Ele observa que, diferentemente de como está impresso na revista, o seu sobrenome se escreve com duplo "t" (Winnico*tt*), acrescentando, porém, e denegativamente, que este tipo de coisa não o preocupa. Na seqüência, Winnicott passa rapidamente ao segundo – e mais delicado – assunto que motiva a sua missiva, assegurando a Lacan que não se esquecera que ele lhe havia perguntado se poderia apresentar um *paper* em Londres e que, sem dúvida, Lacan o estaria achando desleixado a respeito desse pedido. Assumindo um tom político-administrativo de quem está já participando do processo há algum tempo e conhece a complexidade da situação da psicanálise francesa, escreve Winnicott:

---

[8] Lacan, J. (1966) À la mémoire d'Ernest Jones: Sur sa théorie du symbolisme. *Écrits II*. Paris, Éditions du Seuil, 1999.

De fato você entenderá o que eu quero dizer quando afirmo que foi primeiramente necessário para a Sociedade (britânica) convidar oficialmente um Membro (titular) da Sociedade Psicanalítica de Paris. Agora eu acredito que isto foi arranjado, que alguém virá para conferenciar, e então nós estaremos livres para convidá-lo[9]. Eu lamento que isto tenha de ser solucionado desta maneira, mas eu também lamento pela cisão (*splitting*) na psicanálise francesa e desejo o tempo todo que possa haver uma reconciliação (*reunion*)[10]. Eu temo que os maus ânimos tenham se intensificado a tal ponto que a situação dificilmente possa ser remediada, mas do meu ponto de vista as pessoas em cada lado da controvérsia são ainda bastante humanas, homens e mulheres comuns que estão lutando por algo que cada um acredita ser bom[11].

No último parágrafo, e num outro tom que parece servir ao propósito de suavizar a linguagem e aliviar a tensão contida no texto – e certamente produzida no receptor pelos parágrafos que o antecedem –, Winnicott comenta que sua esposa (Claire) relembra com o maior prazer o jantar que Lacan lhes ofereceu no seu apartamento, em Paris, ocasião em que a filha de Lacan havia quebrado uma garrafa de vinho na cozinha. Acrescenta ainda os seus votos de que ela esteja bem, desejando o melhor para todos eles.

O provável impacto emocional da carta de Winnicott sobre Lacan foi tal que ele demorou seis meses para respondê-la. Sua

---

[9] A formula paradoxal "estaremos livres para convidá-lo" conota, algo ironicamente, a ausência de espontaneidade do convite realizado, o qual é de fato uma espécie de concessão amistosa administrada institucionalmente pela influência política e intelectual de Winnicott, que pretende atender o pedido do amigo sem desatender e desconsiderar, de outra parte, tanto os entraves burocráticos e exigências protocolares quanto a antipatia dominante na IPA e na BPS com tudo o que estava relacionado à cisão da psicanálise francesa e ao nome de Lacan.

[10] Da mesma forma aqui, Winnicott está implicitamente indicando que a intransigência ou intolerância da IPA está de certo modo justificada pela soberba e turbulência que acompanha o movimento dos secessionistas franceses. Ao dizer que lamenta ambos os fatos, Winnicott sugere também que, a seu juízo, eles se interdeterminam logicamente.

[11] Tradução minha do original inglês, editado por Rodman, F.R. (1987) *The Spontaneous Gesture: selected letters of D.W. Winnicott*. Harvard University Press, London, England.

réplica é datada de 5 de agosto de 1960[12]. Dirigindo-se a Winnicott como "Muito caro amigo", ele diz carregar consigo a carta de Winnicott desde 12 de fevereiro, havendo-a recebido, portanto, um dia após ela lhe haver sido enviada. Queixando-se de um excesso de trabalho e de completa ausência de descanso, Lacan explica que apenas depois de alguns dias de férias sentiu-se em condições de ocupar-se da resposta à carta de Winnicott a seu gosto. (Tenha-se em mente que esta não tarda apenas alguns dias, ou mesmo semanas, mas meio ano, o que torna essa explicação não apenas inconsistente, mas algo cínica e bizarra). Logo após dizer que a sua releitura o faz degustá-la (a carta de Winnicott) como uma gentileza recente, Lacan acusa a vergonha que sentiu pelo erro na grafia do nome de um autor que estava honrando o sumário de sua revista. Exagerando nas escusas, ele responsabiliza-se pessoalmente pelo equívoco ("aquele que corrigiu as provas, embora conhecendo seu nome, bem como seus artigos, não constatou o erro de impressão") e assevera: "O ridículo afeta todos nós; não o tome como uma ofensa". Observe-se como o emprego hiperbólico dos substantivos *ridículo* e *ofensa*, relacionados a um lapso que não parece ser suficiente para produzir nem um nem outro no autor ou no tradutor, conota os ânimos exaltados que perpassam o texto e afetam intimamente o sujeito dessa escrita notavelmente melindrada. A formação reativa que motiva e possibilita a redação, por demais postergada, desta carta-resposta melhor evidencia-se na gentileza irônica que transparece no parágrafo seguinte, onde referindo-se ao pedido que fizera a Winnicott para ler um trabalho seu na Sociedade Psicanalítica Britânica, Lacan o reapresenta agora, invertendo a situação, como um convite que lhe teria sido formulado por Winnicott:

> Com referência à oferta amável que você me faz de ir falar na Sociedade de Londres, como não ser sensível a ela quando se cerca de

---

[12] Esta carta foi por mim traduzida do francês e está publicada na revista *Natureza Humana*. Vol. 7, N° 2, julho-dezembro de 2005, podendo ser também acessada na Internet pelo link: http://pepsic.bvsalud.org/scielo.php?pid=S1517-24302005000300008&script=sci_arttext.

explicações tão profundamente benévolas? Apresentadas conforme são, como eu pensaria em melindrar-me com essas conveniências, mesmo se elas me recordam aquilo que constantemente me fere?[13]
Eu estava demasiado atarefado para responder ao seu convite antes das férias (eu havia recebido sua carta ao retornar de Bruxelas, onde realizei duas conferências). Mas irei no começo do ano, quando convier a você e nas condições que você estabelecer.

Este excesso de gentileza, sabemos nós, é absolutamente incomum em Lacan, exceto nas situações em que se encontra extremamente necessitado da atenção ou dos favores de alguém ou em que refina fidalgamente a linguagem para mais plenamente exercitar o sarcasmo e a ironia. Neste caso particular talvez os dois propósitos se associem, atravessados conflitivamente por uma autêntica admiração da inteligência e da pessoa de Donald Winnicott. As "conveniências" cercadas de explicações benévolas, e que magoam profundamente a Lacan, são de fato exigências ou condições que remarcam a sua submissão hierárquica à burocracia de uma instituição na qual não tinha já como simpatizantes a maioria de seus pares. A antífrase, sustentada ao longo da frase – como iria ele melindrar-se justamente com aquilo que constantemente o fere? – mais explicita do que oculta a ferida provocada pela carta de Winnicott, que, de outra parte, terá sido talvez tão subversor da leitura canônica do texto freudiano quanto Lacan, com a diferença de que declarava francamente a sua ambivalência transferencial – algo anárquica – para com Freud e sua obra, sem deixar jamais de pertencer à Internacional e à BPS e mesmo de ocupar ali cargos administrativos importantes.

Lacan não perde, entretanto, a oportunidade de informar Winnicott sobre suas andanças por outros países e instituições, deixando claro que, não obstante haver-se tornado *persona non grata* no interior da IPA, não lhe faltam convites e lugares para

---

[13] O efeito de sentido produzido pela contradição intrínseca a estas duas frases ressoa ligeiramente extravagante, aparentando-se a certos enunciados enigmáticos que, quando são proferidos por determinados pacientes psicóticos, espantam-nos pela sua incoerência ideo-afetiva radical.

palestrar. De fato, sua fala tornara-se já "objeto causa de desejo" em diferentes centros psicanalíticos europeus e doravante sua presença será cada vez mais demandada por ouvidos curiosos de escutá-lo ao redor do mundo.

Na seqüência, Lacan diz a Winnicott haver consagrado o seu Seminário do corrente ano a "estabelecer as bases de uma Ética da Psicanálise", um tema audacioso, conforme ele mesmo reconhece. (Parece ser importante para Lacan fazer saber a Winnicott e à IPA que ele se ocupa, nesse momento, com uma temática complexa que implica justamente aquilo que o acusam de desprezar em sua conduta como docente e como clínico). Logo, demonstra haver-se ressentido com o comentário de Winnicott sobre o trabalho que ele lhe enviara acerca do simbolismo em Jones – do qual o inglês não soubera "nem apreender o sentido, nem mensurar a importância" –, atribuindo isto à pouca familiaridade dos psicanalistas com seus conceitos e ideias: "É aí que eu posso sentir o que perde o meu ensino por não ter dentro da nossa comunidade sua difusão normal. E isso me é tanto mais sensível quando se trata de você, com quem me sinto com tantas razões para entender-me". (Conforme indicado anteriormente, esta afinidade teórica com Winnicott é remarcada por Lacan a cada tanto, e assim o será ainda ao longo da década de 60).

Após listar as boas razões que possui para atribuir importância à teoria do simbolismo de Ernest Jones e apontar a consonância de determinadas formulações deste com a sua teoria do significante, Lacan reitera, com um evidente propósito de clarificação:

> Isso não pode, porém, ser bem compreendido senão por aqueles que sabem o que eu faço girar de decisivo (para o pensamento da nossa ação tanto como para sua técnica) em torno das relações do significante com o real. Posição que resume a afirmação de que 'a relação do real com o pensado não é aquela do significado com o significante, e que o primado que o real tem sobre o pensado se inverte do significante para o significado.

O mais provável, porém, é que esta tentativa de esclarecimento não tenha contribuído significativamente para ampliar o entendimento de Winnicott sobre o estatuto do significante e sua relação com o real, na medida em que é formulada numa linguagem certamente estranha a Winnicott e a tudo que o formou; e embora Lacan recomende a Winnicott que "não se equivoque, não há aí nem idealismo nem mesmo simples filosofia, mas tão somente esforço para inverter um preconceito cuja falsa evidência se confunde com tudo aquilo que oferece mais obstáculos a nossa experiência", sua afirmação de que "o significante marca o real tanto ou mais do que o representa" provavelmente soará *abstrusa* (no sentido humeano), senão obscura, para os ouvidos de um britânico, por contrariar estridentemente a premissa da verdade como *adequação do intelecto à coisa*, que orientou o empirismo inglês (fortemente influenciado pela ontologia de Aristóteles) desde a origem. Em Locke, Berkeley e Hume a noção de representação, figura ou imagem é condição de possibilidade da constituição do *eu* e do mundo extenso, por mais que toda exterioridade se limite a Deus, segundo Berkeley, e seja para Hume não mais que uma hipótese improvável. Talvez ciente em parte dessa dificuldade, arrematará Lacan: "Tudo o que tenho escrito há sete anos não vale mais que no contexto do meu ensino".

No seguimento, Lacan remonta a um de seus escritos – que seriam reunidos e publicados em 1966 por Jean Wall – no qual, dois anos antes, ele realçara a importância de Winnicott e de sua formulação da transicionalidade:

> De fora, você não pode saber tudo o que eu construí sobre uma distinção tão simples, decisiva e fundamental como a do desejo e da demanda. Ela aparecerá com vários anos de atraso sob a forma de uma reenunciação de meu relatório de Royaumont (1958) no próximo número de *La Psychanalyse* (você se lembrará talvez do título: "The rules of the cure and the lures of its power").

A alusão de Lacan a este relatório – "A direção do tratamento e os princípios do seu poder" – posteriormente incluído nos *Écrits*, encontra sua explicação no fato do autor haver-se ali referido elogiosamente à investigação de Winnicott – a qual trata como pesquisa – sobre a gênese do psiquismo com base na observação direta de crianças e ter citado recorrentemente o nome de Winnicott ao longo do seu *Seminário* dos anos 1956-57, sobre as relações de objeto. No curso da leitura desse relatório encontraremos a seguinte passagem: "E, por havermos nós mesmos retomado, num ano de nosso seminário, os temas da relação de objeto, mostramos o valor de uma concepção em que a observação da criança se nutre da mais precisa reformulação da função dos cuidados maternos na gênese do objeto: referimo-nos à noção de objeto transicional introduzida por D.W. Winnicott, ponto chave para a explicação da gênese do fetichismo"[14]. Lacan fora, efetivamente, ainda nos anos cinqüenta, o primeiro psicanalista francês a apontar a relevância das ideias e conceitos de Winnicott para a redescrição teórico-clínica do pensamento e da prática psicanalítica rumo a seu segundo século. Ele tornou-se, sem dúvida, o grande introdutor da leitura de Winnicott na França e o protagonista da disseminação do conhecimento de sua obra pela intelectualidade francesa na segunda metade do século XX, contemplando com este gesto inclusive os filósofos e os teóricos da literatura, como Gilles Deleuze e Roland Barthes.

Na seqüência de sua carta, ressaltando a importância deste conceito, Lacan propõe a Winnicott uma importante questão teórica acerca do estatuto fenomenológico do objeto transicional. Ele escreve:

> E, no entanto, como eu me sinto sustentado e de acordo com suas pesquisas em seu conteúdo e estilo. Esse "objeto transicional" do qual eu mostrei aos meus todos os méritos, não indica ele o lugar onde se marca precocemente esta distinção entre o desejo e a necessidade?

Esta interpelação põe em cena o problema do narcisismo, conforme implicado por Winnicott na sua descrição do desenvolvimento

---

[14] Lacan, J. (1966) *Écrits II.* Paris, Éditions du Seuil, 1999 (p.88).

emocional primitivo. Se as necessidades somato-psíquicas do *infans* estão em relação imediata com as possibilidades de um *facilitating environment* ou de uma *good-enough mother* de satisfazê-las (entenda-se que, quando Winnicott diz que no início o físico e o psíquico não se distinguem, está indicando, outrossim, que as necessidades biológicas e narcísicas do *self* original devem ser atendidas pontualmente, simultaneamente, especificamente e na medida do requerido, para que o bebê não seja primariamente traumatizado), este ambiente não é ainda, entretanto, reconhecido com um "outro" ou como um objeto propriamente dito. É o meio que o bebê criou fantasisticamente (por ação daquilo que Winnicott denominou sua "criatividade primária") para atendê-lo – e aqui a descrição de Winnicott assemelha-se notavelmente à de Gilles Deleuze, (1993)[15].

A provisão ou atendimento (Winnicott preferia estas palavras a *satisfação*, que implica a resposta externa a uma urgência instintiva ou pulsional) das necessidades primordiais do *infans* seria o trabalho prévio que pavimentaria o terreno para a entrada em cena dos mecanismos introjetivo-projetivos e para o exercício do desejo e das pulsões na relação com um outro/objeto emergente. O futuro objeto do desejo, para Winnicott, é constituído justamente pela progressiva afirmação deste "outro" em sua condição de externalidade; outro que Winnicott descreve desde a sua origem – e antecedendo a qualquer alteridade – como a "mãe-objeto", a mãe dos *exciting states*, que responde prontamente à manifestação da excitação do bebê transido pela fome e pela sede (alimentando-o em seu seio), em contraponto com a mãe-ambiente, a mãe dos *calm states*, que realiza o trabalho

---

[15] Em "O que as crianças dizem", incluído em *Crítica e Clínica*, Deleuze dirige a Freud, em sua releitura do *Pequeno Hans*, uma crítica intimamente afinada com o pensamento de Winnicott: "Freud, no entanto, conforme seu hábito, reconduz tudo ao pai-mãe: estranhamente a exigência de explorar o imóvel parece-lhe um desejo de dormir com a mãe. É como se os pais tivessem lugares ou funções primárias, independentes dos meios. Mas um meio é feito de qualidades, substâncias, potências e acontecimentos: por exemplo a rua e suas matérias, como os paralelepípedos, seus barulhos, como o grito dos mercadores, seus animais, como os cavalos atrelados, seus dramas (um cavalo escorrega, um cavalo cai, um cavalo apanha...). O trajeto se confunde não só com a subjetividade dos que percorrem um meio mas com a subjetividade do próprio meio, uma vez que este se reflete naqueles que o percorrem". (p.73)

sujo (segurar, embalar, trocar, banhar, etc.) sem que o *infans* tenha a mínima consciência de sua presença e importância em sua vida. Este estágio, que Winnicott denomina indistintamente de dependência absoluta, de estágio do *holding* ou de narcisismo primário está, portanto, centralizado na provisão das necessidades básicas do bebê. A atenção confiavelmente repetida no tempo para com as necessidades fundamentais do *infans* condicionará a demanda, que cada vez mais se endereça a um outro específico o qual o *infans* irá progressivamente distinguir dos demais (o objeto do *attachment*, de Bowlby), e é a este outro em processo de distinção, a este objeto em devir, que nós poderemos, possivelmente, denominar de objeto do desejo em Winnicott.

A parte final da carta colore-se de um leve matiz melancólico quando Lacan expressa preocupação pelo fato de seu ensino, além de transitar pela via não oficial, processar-se sobretudo no plano oral, discursivo, e poder vir a ter como destino funesto o esquecimento. Ele afirma que deve agora "reunir todo esse esforço em uma obra que fixe disso o essencial. Mesmo se eu não tivesse tempo de fazê-lo, sei que um impulso é dado a um grupo ou uma direção será preservada o tempo suficiente para ser transmitida, ainda que se esqueça sua origem". Este borramento dos começos é, entretanto, tudo o que Lacan não deseja para si; as concepções estruturalistas que destacam a autonomia linguajeira do significante (com o desaparecimento nominal da autoria e do sujeito das origens) servem-lhe para o enviesamento criativo da sua redescrição teórica, mas estão longe de acenar com um futuro feliz para o sujeito de um narcisismo tão particular. Reiterando o sentimento de solidão que o acompanha, malgrado o engrossamento extraoficial das fileiras de seguidores fascinados, Lacan parece esforçar-se também para autoconsolar--se quando escreve: "Como tudo isso será forjado, neste relativo isolamento, não é uma questão que me concerne particularmente. A confusão de línguas no interior da Internacional muito me poupa de lamentar ter continuado minha carreira fora dela". Alguns parágrafos atrás, porém, vimos já o mesmo Lacan referir-se a estas mesmas circunstâncias – que envolvem o conflito e a iminente expulsão dos quadros da IPA – como "aquilo que constantemente me fere", e diferentes autores testemunharam e descreveram o sentimento de tristeza e a inconformidade que acompanharam Lacan para o resto da vida, relacionados especificamente a sua exclusão da Associação Psicanalítica Internacional. Seu ressentimento se faria noticiar, a cada tanto, no curso de seus *Seminários* e *Escritos*, através da forma sarcástica e ressentida pela qual se referia àqueles que, na condição de técnicos ou de burocratas e sem demonstrar maiores méritos intelectuais, aparentavam conquistar algum sucesso científico ou administrativo no interior da instituição oficial; Lacan costumava chamá-los de "ortopedeutas", "dentistas", "coxas grossas", etc. Mesmo evidenciando um incomum esforço para fazer saber a Winnicott o quanto se apercebia e sofria com sua atual situação no meio psicanalítico francês e internacional, ele bascula entre uma franca confissão de seu sofrimento e preocupação e uma necessidade de assegurar a Winnicott que sobrevive, e bem, sem o respaldo simbólico da IPA; é nesse sentido que ele encerra o catálogo das suas *personal psychoanalytical news* anunciando a Winnicott que nesse ano fará um congresso sobre a sexualidade feminina, em Amsterdã, por ser este um tema negligenciado desde os trabalhos de Jones, pretendendo, porém, participar brevemente do evento, apenas abrindo o congresso e depois limitando-se a "ver o que darão aqueles que formei". Privilegiando sempre o plano da conotação – e assim seguindo estritamente a orientação barthesiana[16] – constataremos que o acréscimo é mais uma vez alusivo ao fato de Lacan achar-se continuamente acompanhado de seus seguidores, em quantidade suficiente para que ele organize um congresso internacional e se limite a ouvir o que dirão aqueles – supostamente numerosos – que ele vem formando como psicanalistas independentes da Internacional.

Ao fim da carta a fala de Lacan assume um tom mais terno e pessoal e ele faz um rápido comentário sobre sua família: está passando as férias junto com sua mulher e sua filha mais jovem, Judith (filha de ambos), sendo que a outra, Laurence (enteada de Lacan,

---

[16] Cf. Barthes, R. 1970 e 1982.

e filha de Silvia com George Bataille), à qual Winnicott alude no episódio da garrafa de vinho quebrada na cozinha, deu-lhes muita preocupação nesse ano devido a sua militância política, que acabou por levá-la à prisão, assim como a um sobrinho que vivera em sua casa e participara da resistência à guerra da Argélia.

O último parágrafo está marcado pela mesma delicadeza amistosa e pretende, mais uma vez, esclarecer e justificar a Winnicott as razões desta carta haver tardado seis longos meses:

> Que isso complete para você o quadro daquilo que envolve um silêncio demasiado longo. Que isso o ajude a me perdoar, se eu acrescento que meu pensamento está seguidamente dirigido a você e sua esposa, com toda a amizade que nos lhe devotamos em minha casa *for ever*.

Epícrise

O conhecedor da biografia e da obra de Lacan está familiarizado com o fato de ele haver sido sempre demasiadamente econômico em saudar o talento ou a obra de um autor ou outro em particular. Além de Freud, com quem Lacan parece continuamente pretender mimetizar-se e seguir muito mais à risca do que a leitura de sua obra poderia justificar (ele na verdade promoveu uma desconstrução tão completa e profunda da obra do mestre vienense que seu *retorno a Freud* teve como efeito residual uma efetiva reenunciação da psicanálise sobre bases epistemológicas que se afastam, sensivelmente, das de um Freud que Lacan insiste sempre em reverenciar), apenas Winnicott será reiterada e sinceramente honrado com assinalamentos tão expressivamente afetuosos que contrastam vividamente com as comuns e sardônicas referências de Lacan aos colegas ingleses, norte-americanos e franceses. Surpreendente é o fato de estas duas cartas terem sido trocadas num ano em que a negociação da nova Sociedade Francesa de Psicanálise com a Associação Psicanalítica Internacional assumira conotações assaz dramáticas em virtude da apresentação do novo pedido de integração da SFP à IPA, a qual rejeitara já o primeiro pedido encaminhado em 1953 – ano da exclusão de Lacan das funções didáticas na Sociedade Psicanalítica de Paris – e recusaria definitivamente a presente demanda no curso dos três anos seguintes.

Elisabeth Roudinesco ilustrará, na descrição justa e respeitosa que faz de Winnicott como homem e como pensador, em sua *História da Psicanálise na França* (vol.2), as difíceis e marcadamente ambivalentes relações da comunidade lacaniana e do próprio Lacan com esse indivíduo brilhante, imprevisível, paradoxal (às vezes contraditório) que era Winnicott, capaz de produzir sentimentos intensos e reações contrastantes entre seus colegas e convivas. Sobre a disseminação e as implicações do estudo da obra de Winnicott na França, introduzido por Jacques Lacan, escreve a autora:

> A partir de 1970, os terapeutas lacanianos da quarta geração começam a descobrir, com retardo em relação às outras sociedades, a existência de doutrinas a que até então haviam permanecido insensíveis: a obra de D.W.Winnicott, por exemplo, traduzida na França nessa época, traz uma representação da clínica que pode servir de contrapeso ao lacanismo dogmático, ao mesmo tempo que uma abertura generalizada para o pluralismo domina a cena psicanalítica francesa. (p. 500)

E mais adiante, assinalando uma certa incoerência entre a prática clínica, as inovações teóricas, a afinidade com Lacan e uma postura institucional aparentemente conservadora e politicamente determinada, em Winnicott, a qual o levaria a endossar a posição da IPA com relação à SFP, acrescenta Roudinesco:

> Como não se produz na Inglaterra nenhum processo secessivo, Winnicott aceita submeter-se "oficialmente" às regras admitidas, muito embora sua prática dos tratamentos não se conforme aos critérios impostos. Na Grã-Bretanha, a obediência "formal" conta mais que uma confissão de insubmissão. Eis porque, em 1953, embora captando a importância dos trabalhos de Dolto, Winnicott faz o jogo da

normatização: recrimina sua interlocutora pelo aspecto "carismático" de sua figura. Embora renegue "oficialmente" o suposto "carisma" dos mestres, Winnicott se torna, no seio de sua própria sociedade, um verdadeiro chefe de escola. Interessa-se muito pela obra de Lacan, e este pela dele: um vínculo une seus respectivos trabalhos e diz respeito à relação objetal: *objeto transicional* para o inglês, *objeto a* para o francês. (p.528)

No seu *Dicionário de psicanálise*, porém, é o lugar onde E. Roudinesco parece ter conseguido caracterizar com maior amplitude, fidelidade e profundidade a personalidade de Winnicott e a importância de sua obra no contexto da contemporaneidade psicanalítica. É no verbete *Winnicott, Donald Woods* (p.783) que ela melhor descreve e legitimamente sustenta a posição teórica e política de Winnicott, o autor e o homem, quando afirma:

> Sua técnica psicanalítica sempre esteve em contradição com os padrões da International Psychoanalytical Association (IPA). Winnicott não respeitava nem a neutralidade nem a duração das sessões, e não hesitava, na linhagem da herança ferencziana, em manter relações de amizade calorosa com seus pacientes, reencontrando sempre a criança neles e em si mesmo. (...) Esse não conformismo, essa ausência de ortodoxia nunca lhe foram realmente reprovados por seus colegas da BPS. Em suas *Lettres vives*[17], publicadas depois de sua morte, descobre-se até que ponto ele soube descrever a esclerose que atingia a BPS, à qual pertencia.

E assinalando, tanto a afinidade teórica (no sentido da suplementaridade derrideana) quanto o irredentismo destas duas almas que se fenomenalizavam de forma tão diversa – o que apontamos já em diferentes oportunidades – concede a Winnicott o que é de Winnicott dando a Lacan o que é de Lacan:

---

[17] Título com o qual as cartas reunidas em *The spontaneous gesture* (1987) foram publicada em Paris, pela Gallimard, em 1989.

A partir de sua experiência terapêutica, Winnicott transmitiu uma ideia de "não-ruptura" que repercutiu em suas posições institucionais. Em sua ótica, nenhuma instituição era melhor ou pior do que outra, pois todas dependiam do fingimento e só a instauração de um justo meio podia favorecer a expressão do verdadeiro. Preservação das aparências, salvaguarda de uma posição "transicional", distanciamento crítico, ceticismo apaixonado: essas foram as escolhas de Winnicott, que preferiu criticar a instituição psicanalítica a partir de seu interior a separar-se dela. Diante de Ernest Jones, e muitas vezes contra ele, foi a própria encarnação da situação inglesa da psicanálise. Sua posição, nesse ponto, está apenas em aparente oposição com a de Jacques Lacan, que, por sua vez, não cessaria de colocar em ato, às vezes sem querer, uma prática de ruptura, de cisão e de reformulação, como se a arte da revolução permanente fosse, na situação francesa, o único caminho possível. (p.785)

Sempre que se refere à situação da psicanálise francesa em meados do século XX e à participação de Winnicott na intervenção da IPA em Paris, Roudinesco insiste, de outra parte, em aludir (como que numa crítica velada) à restrição de Winnicott às peculiaridades da pratica clínica e às idiossincrasias pessoais de Françoise Dolto (a respeito do que pareceu haver na época um tácito consenso). É importante ter algum cuidado, entretanto, em distinguir aquilo que afetiva e intelectualmente aproximava Lacan e Winnicott, fazendo destes interlocutores eventuais, das impressões, sentimentos ou juízos que estiveram presentes no relatório de Winnicott com relação a outros analistas por ocasião da primeira intervenção da IPA na SFP. Lacan e Winnicott são os dois mais criativos e relevantes autores psicanalíticos de orientação freudiana, e suas obras apenas podem ser comparadas na medida da importância do seu potencial de renovação heurística e conceitual. Situar no mesmo plano uma analista – de inquestionável intuição clínica, mas sem obra teórica original – como Françoise Dolto[18] (que misturava perigosamente

---

[18] Equívoco no qual incorre Gérard Guillerault em *Dolto/Winnicott – Lê bébé dans la psychanalyse*, Gallimard, 2007.

formulações lacanianas e annafreudianas com alguns coelhos que tirava da própria cartola e não assentava suficientemente bem no chão/*ground*), é desconhecer a excelência dos autores indicados e desconsiderar o seu grau de implicação ponderal no advento das grandes descobertas e das novas ideias e categorias psicanalíticas engendradas na segunda metade do século XX.

A tentativa aqui empreendida de penetrar nas suscetibilidades e sinuosidades subjetivas destes dois gigantes do pensamento psicanalítico ensaia trazer à luz as paixões, os padecimentos, os triunfos e penhores implicados no desdobramento de duas existências – eventualmente trágicas – exaustivamente dedicadas, sem cuidados ou reservas (as mortes de Lacan e Winnicott atestam estas negligências), à extração de novas pepitas de ouro nos antigos veios de mineração do conhecimento que permitiu a consolidação das bases do saber psicanalítico contemporâneo. Sem desmerecer o esforço cotidiano de cada autor (mais ou menos expressivo) para acrescentar mais um ladrilho nessa grande obra de mutirão que acaba de completar cem anos (esforço do qual o presente autor tem a pretensão de participar), é conveniente distinguir o trigo e joio na coleta das fontes de uma doutrina em devir a fim de que este empenho construtivo não redunde em desperdício e dispersão. A obra de Freud é um manancial inesgotável para o trabalho de desconstrução – no sentido derrideano – efetuado pelas releituras, tanto o empreendido pelos dois autores que ora homenageamos quanto o que será ainda realizado pelas gerações futuras. Insistir neste ponto não significa recorrer uma vez mais às palavras do pai para legitimar as nossas palavras ou para refutar o argumento *Ad Hominem* dirigido com freqüência a Freud, Winnicott ou Lacan, mas em preservar o corpo vivo, o *isso* de um saber fecundo que por muito tempo, tudo indica, ainda *dará o que falar*.

Referências

Barthes, R. (1970) *S/Z – uma análise da novela Sarrazine de Balzac*. Nova Fronteira.

Barthes, R. (1982) *Lo obvio y lo obtuso*. Buenos Aires, Paidos, 1992.

Deleuze, G. (1993) *Crítica e Clínica*. Ed. 34. São Paulo, 1997.

Gillerault, G. (2007) *Dolto/Winnicott – Lê bébé dans la psychanalyse*, Gallimard.

Graña, R. B. (2005) Tradução da Carta de Jacques Lacan a Donald W. Winnicott, de 5/8/1960. *Natureza Humana*. Vol. 7, N° 2, julho-dezembro de 2005.

Lacan, J. (1953) Fonction et champ de la parole et du langage em psychanalyse. *Écrits I*. Paris, Éditions du Seuil, 1999.

Lacan, J. (1958) La direction de la cure et lês príncipes de son pouvoir. (1966) *Écrits II*. Paris, Éditions du Seuil, 1999.

Lacan, J. (1966) *Écrits I*. Paris, Éditions du Seuil, 1999.

Lacan, J. (1966) *Écrits II*. Paris, Éditions du Seuil, 1999.

Lacan, J. (1994) *La relation d'objet. Le Seminaire – Livre IV (1956-1957)*. Paris, Seuil.

Lacan, J. (1969) O ato psicanalítico: resumo do Seminário de 1967-1968. Em: *Outros Escritos*. Rio de Janeiro, Jorge Zahar, 2003 (p.376).

Rodman, F. R. (1987) *Lettres vives* Paris, Gallimard, 1989.

Rodman, F. R. (1987) *The Spontaneous Gesture: selected letters of D.W. Winnicott*. Harvard University Press, London, England.

Roudinesco, E. & Plon, M. (1997) *Dicionário de psicanálise*. Jorge Zahar, Rio de Janeiro, 1998.

Roudinesco, E. (1986) *História da psicanálise na França: a batalha dos cem anos: 1925-1985*. Jorge Zahar, Rio de Janeiro, 1988.

Roudinesco, E. (1993) *Jacques Lacan – esboço de uma vida, história de um sistema de pensamento*. Companhia das Letras, São Paulo, 1994.

Winnicott, D. W. (1951) Transitional Objects and transitional phenomena. In:*Trough Paediatrics to Psycho-Analysis.* Brunner/Mazel, New York, 1992.

6

Lacan leitor de Winnicott: recepção das ideias winnicottianas na França e elementos teóricos para uma psicanálise pós-estruturalista

Uma nova (pós) psicanálise?

A assim chamada psicanálise contemporânea parece haver-se beneficiado do multilinguismo pluralista que autoriza os entrelaçamentos intersistêmicos de disciplinas e teorias, as quais, sensíveis ao convite de uma intertextualidade inevitável após a pulverização foucaultiana das grandes unidades de sentido – das discursividades totalizantes[1] –, ensejaram, com esta interpenetração – eventualmente mistificadora – a emergência de uma atitude intelectual que, por falta de designação mais conveniente, é dita pós-estruturalismo – ou mais vulgar e popularmente, pós-modernismo.

É tangenciando este viés que, há mais de dez anos, ocupo-me de cursos regulares e continuados sobre as obras de Winnicott e Lacan, das quais proponho uma leitura à contrapelo, no sentido benjaminiano, atenta às sutilezas da enunciação, às alusões despercebidas, às referencias implícitas ou desprezadas, uma leitura interlinear e interpositiva – por sua vez desconstrutiva – destes dois hábeis desconstrutores de Freud. Creio que ambos serão postumamente recompensados por seus esforços monumentais ao terem por prêmio assegurar a passagem viva e íntegra do pensamento freudiano

---

[1] Ver Foucault, M. (1969) *A arqueologia do saber*.Rio de Janeiro, Forense Universitária, 1997.

através de um século difícil, em que o simplismo behaviorista (agora denominado cognitivismo comportamental) e o reducionismo neuropsiquiátrico renovam a sua antiquada indumentária pré-psicanalítica buscando torná-la maximamente atraente aos consumidores dos *fast-foods* e *hot-drinks* terapêuticos de todo gênero.

Se o futuro teórico e clínico da psicanálise passa, conforme penso, por um uso útil dos diálogos possíveis entre psicanálise, filosofia e teoria literária, principalmente, seu fundamento é hoje um "afundamento", no sentido deleuziano, na medida em que seu campo não prescinde de certa especificidade mas é cortado em direções diversas por discursos e olhares transversais que lhe garantem uma rede de sustentação em tudo semelhante ao próprio processo psicanalítico, dinâmico-acontecencial, produto de eventos, devires e agenciamentos que o despojam de uma feição sistêmico-mosaica a qual certos autores e escolas empenharam-se em reafirmar.

É no fiado heurístico que alinhava as obras de Freud, Ferenczi, Winnicott e Lacan que encontraremos o tecido de sustentação para a atitude teórico-clínica recomendável ao psicanalista do novo século. É deste platô, movente por efeito da interdiscursividade, que o intelecto psicanalítico estende os seus pseudopodos às disciplinas afins, entre as quais não deixaremos de incluir também a lingüística, a etnografia, a sociologia, a estética e a epistemologia. Nossa perspectiva pós-estrutural implica todos os campos de saber já referidos para, avançando além dessa excursão transdisciplinar, retornar a Lacan e a Winnicott e, mais uma vez, realçar os pontos de entrecruzamento ou planos de transcendência em que a interpenetração de suas obras redescreve e reescreve a psicanálise oportunizando uma necessária reterritorialização.

Vivência e significante

Com o aparecimento da fenomenologia, na primeira metade do século XX, dizia-se que a filosofia descera à terra. As questões maiores da metafísica, o problema dos universais, Deus, o Bem, o Belo, a Virtude, etc. saiam de cena, desocupavam o centro da preocupação dos filósofos para dar lugar a questões mais imediatas, cotidianas, com as quais o homem se punha praticamente em contato e lhe exigiam decisões e ações coerentes e concernentes a sua existência mundana, tributo insofismável de sua facticidade. O corpo, o outro, a escolha, a angústia, a morte, o compromisso, o projeto, a percepção, a ação devêm agora suas questões principais. O aparente e o existente não mais se distinguem, o transcendente está dentro, dirá Husserl. O Ser dos entes poderá ser aspirado, sentido, poetizado, mais do que descrito ou falado em linguagem filosófica, afirmará Heidegger. A essência pressupõe a existência, nunca a precede, somos produto da nossa ação no mundo, sustentará Sartre. O nosso início subjetivo é a percepção, a pura estesia, antes de sermos sujeitos somos apenas um corpo extraindo significados no mundo da vida, dirá Merleau-Ponty. Mais que no argumento dedutível lógica ou racionalmente, acreditar-se-á agora no que é passível de ser experienciado em carne própria, intuitivamente, emocionalmente, corporalmente, sensualmente. A palavra *vivência* (vècu) investe-se, assim, de um significado especial, decisivo para a consolidação e transmissão de um saber autêntico sobre o homem, o mundo e a vida. Todo o enunciado verdadeiro terá por condição, doravante, ser produto de uma vivência subjetiva (cenestésica, organísmica ou, conforme Winnicott, psicossomática) da verdade.

A ideia estruturalista, de outra parte, que ganha força em meados do século XX inspirada pelo formalismo russo e pela lingüística de Saussure, surge como um vento forte que ameaça os alicerces do saber vigente, investindo ruidosamente contra o modelo fenomenológico-existencial. Sua atenção dirige-se mais para a forma e o significante que para o conteúdo e o significado. Repudiando o real, como um problema do empirismo, e o imaginário, como um problema da fenomenologia, os estruturalistas voltar-se-ão para a linguagem, o discurso, o texto e os documentos da cultura. Pretendendo serem rigorosos em suas análises, eles farão descrições, mais que interpretações, e operarão sobre fatos e dados efetivos (sejam eles os hábitos ou os objetos confeccionados por uma tribo ou civilização, os livros ou os escritos produzidos por certo autor ou movimento literário, as falas ou os discursos proferidos por determinado orador ou categoria organizada, etc.) abordando-os – daí sua preferência pela descrição e pela comparação – de forma isenta e impessoal, com tencionada e confessa pretensão científica. Na prática, nenhum dos estruturalistas manteve, entretanto, a pertinácia maquínica e a ausência de paixão necessárias para a concretização operacional de suas teses. O poeta mundano subverteu sempre as pretensões maiores do investigador asséptico, seja em Lévi-Strauss, Barthes, Foucault ou Lacan. Não obstante a grande quantidade de livros e artigos produzidos pela onda estruturalista, o estruturalismo não se impôs como filosofia ou como um modelo de pensamento de consistência, importância e abrangência comparáveis ao da fenomenologia. Grande parte dos estruturalistas sofrera marcante influência da leitura das obras de Husserl, Heidegger e Sartre, e dificilmente essa *pragüing* deixaria de transparecer nos devires de suas próprias obras. Barthes será, talvez, o mais notável exemplo desse movimento de ida e volta fenomenologia-estruturalismo-fenomenologia. Este "retorno à fenomenologia" trará em si, porém, a marca da aventura estruturalista; trata-se, portanto, de uma outra ou de uma nova fenomenologia – se é apropriado assim falar – ou do que se denominou, eventualmente, de síntese pós-estrutural, designação que não me é simpática pela conotação dialético-diacrônica que possui; trata-se aqui, sobretudo, da produção de heterogeneidade, de repetição com diferença, como dirá Deleuze[2], ou de deslocamentos suplementares que impulsionam e disseminam o conhecimento, como propõe Derrida.[3]

A clarividente inteligência de um pensador como Merleau-Ponty[4] o levaria já a referir-se a sua filosofia como uma fenomenologia estrutural. Ele não desconhecia que os acontecimentos possuíam uma

---

[2] Deleuze, G. (1968) *Diferença e repetição*. Ed. Graal, São Paulo, 2006.
[3] Derrida, J. (1967) *De La Grammatologie*, Paris, Éditions de Minuit, 1997.
[4] Merleau-Ponty, M. (1945) *Fenomenologia da Percepção*. Freitas Bastos, Rio de Janeiro, 1971.

moldura, um campo de circunscrição, mas também desacreditava que esta moldura os determinaria de tal forma que eles não tivessem o poder de desbordá-la e reconfigurá-la de forma improvável e insuspeitada. Derrida, Genette e Deleuze insistiram na importância da complementaridade fenomenológico-estrutural. Genette[5] afirma que as abordagens hermenêutica (como parte da fenomenologia) e estruturalista são complementares: uma retoma o sentido e a recriação interior, a outra a palavra distante e a reconstrução inteligível. Para Deleuze[6] é inexato opor estrutura e acontecimento, porque a estrutura comporta um registro de acontecimentos ideais, isto é, toda uma história que lhe é anterior, mas os acontecimentos são as únicas idealidades capazes de produzir novos referentes estruturais. E Derrida[7] encontra já em Husserl um esforço no sentido de conciliar a exigência estruturalista, que descreve uma totalidade na qual os elementos só tem sentido em sua relação de oposição e interdeterminação, com a exigência geneticista, fenomenológica, que investiga a origem e o fundamento da estrutura.

Efetivamente, significante e vivência são interdependentes, e esta constatação seria, por si só, justificativa suficiente para a promoção de um fértil entrecruzamento entre as perspectivas fenomenológica e estrutural. O psicanalista pós-estuturalista teme a desencarnação do sujeito promovida pelo fascínio do significante, tanto quanto teme a inefabilidade sensualista do êxtase vivencial. É óbvio que o significante sem saturação experiencial é mero vocábulo, é termo neutro, e que a vivência sem indicação nominativa é sensualidade muda, emocionalidade incomunicável. Numa formulação feliz da sua teoria da "rostidade", Deleuze dirá que o significante territorializa-se e reterritorializa-se no rosto, que o rosto dá substância ao significante, mas ao mesmo tempo constrói a parede que o significante tem necessidade de saltar[8].

---

[5] Genette, G. (1966) *Figures*, Paris, Editions du Seuil.
[6] Deleuze, (1969) *Lógica do sentido*. Ed. Perspectiva, 2000.
[7] Derrida, J. (1967) *L'écriture et la différence*. Paris, Editions du Seuil, 1979.
[8] Deleuze, G. (1980) *Mil Planaltos*. Assírio&Alvin, Lisboa, 2004. (ps. 157 e 220)

Psicanálise e pós-estruturalismo

Roland Barthes e *Gilles Deleuze*

Se em 1953 Roland Barthes havia publicado a obra que o projetaria no estrelato como crítico/teórico da literatura e pensador da cultura, a obra que o distinguiria como um dos mais representativos e importantes autores do estruturalismo francês, *O grau zero da escrita*[9], em 1973, após vinte anos de grande produção de escritos e livros sobre análise estrutural da narrativa e semiologia da arte e da comunicação, ele publicaria *O prazer do texto*[10], livro que inauguraria uma nova fase em sua obra, marcada pelo retorno à *poiesis*. É nele que o corpo, a sensualidade, o amor, as relações humanas, o prazer de ler e escrever reaparecem – quase irrompem – na escrita estruturalista, pretendidamente fria, sóbria, tecnicista e impessoal.

Se até então Lacan fora a sua referência principal sempre que tratava de psicanálise, Barthes tornara-se, agora, um leitor atento de Winnicott, autor inglês apresentado aos franceses pela mão de Jacques Lacan, no final dos anos 50, e encantara-se principalmente com as formulações paradoxais, com o *playing* winnicottiano e com os conceitos de objetos e fenômenos transicionais.

Em *O prazer do texto* (1973), influenciado já por essa leitura, ele diria que "o escritor é alguém que brinca com o corpo da mãe (...) para o glorificar, para o embelezar, ou para o desmembrar, para o levar até o limite daquilo que, do corpo, pode ser reconhecido" (p.78). Esta caracterização erótico/agressiva do ato da escrita parece já considerar as noções de transicionalidade em sua relação com o desprendimento do corpo/psique materno, e com a necessária destruição deste objeto/imagem primordial que é convertido em objeto da cultura por ação da criatividade pessoal.

---

[9] Barthes, R. (1953) *O grau zero da escrita*, Lisboa, Edições 70, 1997.
[10] Barthes, R. (1973) *El placer del texto*. Buenos Aires: Siglo XXI, 1974.

Em *Roland Barthes por Roland Barthes* (1975)[11] ele afirmaria que a palavra é investida de valor no nível do corpo, quando é palavra carnal, quando produz o estremecimento físico. Os vocábulos tornam-se, então, palavras queridas, favoráveis, felizes, "são palavras transicionais, análogas a essas pontas de travesseiro, a esses cantos de lençol que a criança chupa com obstinação. Como para a criança, essas palavras queridas fazem parte da área de jogo; e como os objetos transicionais, elas têm um estatuto incerto" (p.147). Veja-se que, à medida que o significante se "encarna" por efeito desta nova referência, a palavra cada vez mais adquire polpa e pele na escrita de Barthes.

Em *Fragmentos de um discurso amoroso* (1977)[12] Barthes se referirá, logo nas primeiras páginas, a um texto de Winnicott que certamente não era ainda conhecido pela maior parte dos psicanalistas franceses, "O medo ao colapso"[13], e comparando o temor de um colapso que aflige certos pacientes psicanalíticos com o temor da perda do amor que angustia os amantes, afirma ser necessário dizer-lhes que *o temido já aconteceu* (p.22). Em outra parte, referindo-se ainda aos amantes, sugere que o telefone lhes serve, na ausência, de objeto transicional – através dele tanto se aceita como se nega a separação, como a criança que, relutando em perder sua mãe, brinca de manipular sem descanso um barbante –, não obstante o telefone mais acentue a falta do que a mitigue; ele não é exatamente um bom objeto transicional, não é um barbante inerte e trás o *fading* da voz amada em toda a sua angustia (p.109). Mais adiante ainda, ele detém-se na função de *mãe suficientemente boa* que os amantes deverão desempenhar alternadamente um para o outro, em diferentes momentos, fazendo-se presentes quando desejados e permitindo o afastamento e *o estar só*[14] quando o ser amado assim o necessite (p.129).

---

[11] Barthes, R. (1975) *Roland Barthes por Roland Barthes*. São Paulo, Liberdade, 2003.
[12] Barthes, R. (1977) *Fragmentos de um discurso amoroso*. F. Alves, Rio de Janeiro, 1995.
[13] Winnicott, D.W. (1963) Fear of breakdown. In: *Psycho-Analytic Explorations*. Harvard University Press, Cambridge, 1992.
[14] Ver Winnicott, D.W. (1958) The capacity to be alone. *The maturational Processes and the Facilitating Environment.* IUP, Madisson, 1996.

Em seu último livro, escrito em pleno luto pela morte de sua mãe, *A câmara clara* (1980)[15], é novamente inspirado na ideia de Winnicott de um colapso temido e já acontecido que Barthes encontrará nas fotografias o anúncio de uma morte, morte passada ou futura. Para ele, a morte é a essência da fotografia: "Ao me dar o passado absoluto da pose (aoristo), a fotografia me diz a morte no futuro (...) Diante da foto de minha mãe criança, eu me digo: ela vai morrer: estremeço, tal como o psicótico de Winnicott, *por uma catástrofe que já ocorreu*. Que o sujeito já esteja morto ou não, qualquer fotografia é essa catástrofe" (p.142). O domínio dos conceitos winnicottianos por um semiólogo, lingüista e crítico literário francês, ainda nos anos setenta, não deixa de nos surpreender, e além de apontar o retorno da afetividade e da experiência interior à escrita estruturalista, assinala a importância de um autor como Winnicott na construção de um novo modelo de pensamento, na psicanálise e na cultura.

Gilles Deleuze, que nunca foi um estruturalista – embora se referisse a estes de forma recorrente nos anos sessenta e setenta, especialmente a Lacan e Foucault – e não pode ser classificado de fenomenólogo – ainda que, como Barthes, tenha sempre apontado Sartre como seu grande mestre – é tido como o mais importante filósofo pós-estuturalista (ou "pós-moderno"). Admirador dos filósofos e romancistas anglo-saxões, Deleuze inicia-se na filosofia com uma tese sobre Hume, intitulada *Empirismo e subjetividade* (1953)[16]. De fato, jamais se desprenderá desta referência inicial, chegando em épocas tardias a caracterizar a sua filosofia como um empirismo radical. O estudo dos empiristas o familiarizará com noções que encontram resistência entre os filósofos franceses, como Sartre, e entre os psicanalistas, como Lacan: a ideia de uma Natureza Humana. Sua leitura de Hume é, não obstante, inevitavelmente marcada por um certo viés, *un certain regard*, que o latiniza sensivelmente. Ele dará especial atenção à ilusão, à fantasia e à criatividade. No livro citado, dirá, por exemplo, que "a ilusão

---

[15] Barthes, R. (1979) *A câmara clara*. Nova Fronteira, Rio de Janeiro, 1984.
[16] Deleuze, G. (1953) *Empirismo y subjetividad*. Ed.Gedisa, 1996.

da fantasia é a realidade da cultura. A realidade da cultura é uma ilusão desde o ponto de vista do entendimento, mas se afirma num campo no qual o entendimento não pode dissipar a ilusão nem tem que fazê-lo. (...) Neste sentido, a ilusão não é menos que o entendimento que a denuncia. A cultura é uma experiência falsa, mas é também uma verdadeira experiência" (p.61) – enunciado que possui notável ressonância winnicottiana, e também lacaniana, como será demonstrado mais adiante.

O interesse por Hume estava já presente nos textos fenomenológicos, de Husserl a Merleau-Ponty, e é justamente esse interesse que parece instituir uma zona de aproximação, de sobreposição ou de comensurabilidade entre empirismo e fenomenologia. Por esta razão, no estudo comparativo de Winnicott e Lacan, Merleau-Ponty[17] e Deleuze distinguem-se entre os filósofos que, ao modo de intercessores[18], oportunizam uma mutua e rica fertilização cruzada de suas ideias.

O imanentismo que marca o pensamento deleuziano, inspirado também em Espinosa, Bergson e Nietzsche, é o mesmo que levará um Winnicott a dizer que *o indivíduo não poderá conhecer e reconhecer nenhum objeto ou ambiente se não aquele que criou* e Lacan a dizer que *a libido será sempre narcisista e portanto o amor não tira ninguém de dentro de si*. O ceticismo de Hume, o imanentismo de Deleuze, o relativismo (idealista) de Winnicott e o relativismo (nominalista) de Lacan enfeixam-se, portanto, dando origem a uma atitude epistêmica, ou melhor dito, noético/noemática que desenhará o campo dos possíveis na ação clínica do psicanalista dito contemporâneo - o analista do século XXI.

---

[17] Filósofo cuja afinidade com Winnicott foi por mim examinada em um ensaio publicado há quase uma década (Donald Winnicott e Maurice Merleau-Ponty: pensando a psicanálise sob o signo da fenomenologia. *Revista Brasileira de Psicanálise*, vol. 36, n°4-2002) e posteriormente em um capítulo de meu livro *Origens de Winnicott:ascendentes psicanalíticos e filosóficos de um pensamento original*. São Paulo, Casa do Psicólogo, 2007.
[18] Ver Deleuze, G. (2002) *A ilha deserta*. São Paulo, Iluminuras, 2006.

Deleuze citará Lacan com freqüência[19], sobretudo em suas duas obras filosóficas mais importantes – nas quais recorre seguidamente ao argumento psicanalítico –, ambas publicadas nos anos sessenta, *Diferença e repetição* (1968) e *Lógica do sentido* (1969)[20]. Nestas obras o nome de Winnicott não aparecerá, embora o pensamento de Deleuze se aproxime notavelmente deste em alguns momentos e ele chegue, na primeira delas, a referir-se aos objetos transicionais para exemplificar o que denomina de *objetos virtuais,* noção através da qual insurge-se contra a representação: "Em suma, não há termo último; nossos amores não remetem à mãe, pois esta simplesmente ocupa, na serie constitutiva de nosso presente, um certo lugar em relação ao objeto virtual, lugar que é necessariamente preenchido por um outro personagem na série que constitui o presente de uma outra subjetividade, levando-se sempre em conta os deslocamentos deste objeto= x" (p.157). Observe-se, de outra parte, o quanto Deleuze afina-se aqui com Lacan em sua concepção do objeto como ausência, como não mais que uma imagem residual que é produto dos sucessivos deslocamentos do significante. Na seqüência, ele acrescenta ainda que "os personagens paternos não são os termos últimos de um sujeito, mas os meios-termos de uma intersubjetividade, as formas de comunicação e de disfarce de uma série a outra, para sujeitos diferentes, na medida em que estas formas são determinadas pelo transporte do objeto virtual. Portanto, atrás da máscara há ainda máscaras, e o mais oculto é ainda um esconderijo e assim indefinidamente. Desmascarar alguma coisa ou alguém é uma ilusão" (p.157). Ele parece aqui aproximar-se mais de Lacan

---

[19] Desobrigo-me, neste breve apanhado sobre as obras de Barthes e Deleuze, de referir ou transcrever as passagens de suas obras em que Lacan é citado ou em que conceitos de Lacan são aplicados ou criticados, porque este seria um trabalho exaustivo e esta intertextualidade poderá ser constatada pelo leitor. De fato, ambos os autores dialogam freqüentemente com Lacan. Meu objetivo é, de outro modo, apontar as suas primeiras referências a Winnicott e aos seus conceitos mais importantes, sinalizando assim o espaço que se abre, não somente no terreno do debate das ideias psicanalíticas, como também entre os filósofos, a partir de sua descoberta da obra de Winnicott, cuja leitura fora introduzida na França por Lacan no final dos anos cinqüenta.

[20] Deleuze, G. (1969) *Lógica do sentido*. São Paulo, Ed. Perspectiva, 2000.

do que de Winnicott, afirmando a insondabilidade do referente ou a inacessibilidade do objeto original. Conclui, entretanto, que devido a sua condição de parcialidade, a sua qualidade de simulacro, "esses objetos parciais ou virtuais também se encontram, diversamente anunciados, no bom e no mau objeto de Melanie Klein, no objeto 'transicional', no objeto fetiche e, sobretudo, no objeto *a* de Lacan" (p.151). Vê-se, pois, que embora Deleuze demonstre certa familiaridade com o conceito de Winnicott, sua origem se perde na massa de autores e categorias psicanalíticas sem que Deleuze seja capaz ainda de destacar-lhe o valor e a especificidade.

Na segunda das obras citadas, Deleuze não faz referência explícita a Winnicott nem a seus conceitos, no entanto, no capítulo em que se ocupa da fantasia[21] ele a descreve e situa num lugar e função semelhantes aos dos fenômenos e objetos transicionais winnicottianos: "A questão: tais acontecimentos são reais ou imaginários? Não está bem colocada. A distinção não é entre o imaginário e o real, mas entre o acontecimento como tal e o estado de coisas corporal que o provoca ou no qual se efetua. Os acontecimentos são efeitos (...) mas precisamente enquanto efeitos eles devem ser ligados a causas não somente endógenas, mas exógenas, estados de coisas efetivos, ações realmente empreendidas, paixões e contemplações realmente efetuadas" (p.217). E atribuindo à fantasia o status de acontecimento, de ocorrência efetiva, avança Deleuze: "É que a fantasia, à maneira do acontecimento que representa, é um 'atributo noemático' que se distingue não somente dos estados de coisas e suas qualidades, mas do vivido psicológico e dos conceitos lógicos. Ela pertence como tal a uma superfície ideal sobre a qual é produzida como efeito e que transcende o interior e o exterior, pois que ela tem como propriedade topológica o fato de colocar em contato 'seu' lado interior e 'seu' lado exterior para desdobrá-los em um só lado" (p.218).

---

[21] O termo *fantasme* está mal vertido ao português como "fantasma"; concedemo-nos, portanto, o direito de corrigir o equívoco presente na tradução brasileira desta obra.

Tal formulação em nada se distingue da afirmação de Winnicott de que os objetos transicionais – que habitam a área da ilusão – não devem ser contrastados ou confrontados, e que a pergunta sobre se eles foram criados pela imaginação ou se pertencem à realidade externa não poderá ser respondida senão através de um paradoxo: ambas as proposições são verdadeiras, eles foram fantasisticamente criados, mas estavam ali anteriormente, esperando pela sua criação[22].

É apenas em *A Ilha deserta* (2002), publicação póstuma que reúne entrevistas e textos produzidos entre os anos 53 e 74, que Deleuze se referirá a Winnicott distinguindo-o dos autores psicanalíticos que criticava pelo apego à interpretação e à representação para explicar a origem das psicopatologias, especialmente a costumeira referência ao lugar comum da problemática edípica e do coito parental, o que chamou ironicamente de "papai-mamãe psicanalíticos"[23]. Neste sentido, vale a pena transcrever a comparação que promove entre Winnicott e Klein para afirmar que Klein situa-se ainda dentro do sistema psicanalítico e que Winnicott afasta-se desse padrão teórico-procedimental que ele considera equivocado, se não abominável:

> Em que uma psicanalista tão original quanto Melanie Klein permanece, todavia, no sistema psicanalítico? Ela mesma o diz muito bem: os objetos parciais dos quais nos fala, com suas explosões, seus fluxos, etc., são da ordem da fantasia[24]. Os pacientes trazem estados vividos, intensamente vividos, e Melanie Klein os traduz em fantasias. Existe aí um contrato, especificamente um contrato: dê-me seus estados vividos, eu lhe devolverei fantasias. E o contrato implica uma troca, de dinheiro e de palavras" (p.322).

---

[22] Sua relação com o circuito do sujeito exemplificado topologicamente por Lacan com a banda de Moebius é evidente e demonstra a essencial afinidade dos três autores no que se refere à dissolução das tradicionais antinomias sujeito-objeto e interior-exterior.

[23] Em *O Anti-Édipo* (1972) ele dirigirá sua crítica especialmente à noção de representação e à teoria do significante, bordões recorrentes através dos quais os psicanalistas pretendiam descrever, explicar e interpretar algo que Deleuze não supunha explicável ou interpretável.

[24] Cf. a nota anterior sobre a tradução do termo *fantasme*.

Podemos observar aqui que a crítica de Deleuze não se dirige apenas a uma excessiva ênfase no imaginário – fantasias e representações – mas, sobretudo, à imagem de um psicanalista que "sabe", que decifra e que comunica doutamente a seu paciente (e assim o torna "consciente") o significado do que "verdadeiramente" (trata-se aqui de uma verdade oculta a qual somente o analista, absolutizando seu saber, pode acessar e enunciar) se passa em seu inconsciente e está na base do seu sofrimento psíquico. A comparação conclui-se da seguinte maneira:

> A esse respeito, um psicanalista como Winnicott mantém-se verdadeiramente no limite da psicanálise, porque tem o sentimento de que esse procedimento não convém mais num certo momento. Há um momento em que será necessário partilhar, é preciso colocar-se em sintonia com o doente, é preciso ir até ele, partilhar seu estado. Trata-se de uma espécie de simpatia, de empatia ou de identificação? Mesmo assim, isso é seguramente mais complicado. O que nós sentimos é antes a necessidade de uma relação que não seria nem legal, nem contratual, nem institucional (p.322).

Vê-se, portanto e por fim, que se Deleuze não está de acordo com a teoria do recalcamento de representações e com a interpretação estilo *deutung* que marcou o pensamento metapsicológico e a intervenção psicanalítica em suas primeiras décadas, nem com o destaque dado por Lacan ao significante[25], está não obstante, e novamente, em sintonia com a abordagem fenomenológica (deve-se considerar que desde Heidegger e Merleau-Ponty a fenomenologia não está mais limitada a uma filosofia da consciência) e com Winnicott, a favor de uma aproximação clínica que implique o compartilhamento de estados mentais e experiências emocionais dos quais poderá sobressair um sentido, que é passível ou não de ser enunciado pelo próprio paciente, que eventualmente não será traduzível em palavras, que preferencialmente não será formulado por

---

[25] Em *Mil Planaltos* (1980) ele irá antepor o rizoma ao significante.

palavras do analista, mas que é sobretudo da ordem do com-vivido, do co-experienciado, de uma verdade emergente no interregno (*zwischenreich*) e no corpo vivo (*lebenden körper*).

Jacques Lacan e Donald Winnicott

Lacan entrecruza-se teoricamente com Winnicott numa zona de *overlap* onde o estilo médico e o sotaque empirista inicial do britânico assumem cada vez mais uma linguagem poética e uma perspectiva ontológica consoantes com a fenomenologia francesa, sobretudo com Merleau-Ponty, conforme pude demonstrar anteriormente[26]. Lacan, oriundo do estudo da fenomenologia alemã, formado na tradição da psiquiatria clássica e fenomenológica, e contemporâneo dos existencialistas franceses, estabeleceu suas primeiras teses estruturalistas utilizando-se da lingüística de Saussure, da etnologia de Lévi-Strauss e da filosofia de Hegel. As bases fenomenológicas que o formaram não deixarão, porém, de servir de alicerce para os novos passos na teoria, por mais que estes pareçam decretar a sua obsolescência. Em seus últimos seminários, no período referido como "análise do real", este *retorno do abolido* se fará evidente, especialmente no seminário 23, *O Sinthoma*, com o ressurgimento de alguns significantes prescritos no discurso de Lacan, como "pessoal" na condição de sinônimo de subjetivo, e "ego", não mais anatematizado como sede do imaginário e instância do equívoco e do desconhecimento, mas como o que corrige a falha, evitando o colapso subjetivo ocasionado pela ruptura dos nós (borromeanos)[27] que sustentam o sujeito. Mas vamos já aí muito longe; retornemos, portanto, a Winnicott e ao "amor dos começos" dessa relação.

Em seu seminário dos anos 1956-57, *A relação de objeto*[28], Lacan deixaria transparecer pela primeira vez o quanto a leitura de

---

[26] Ver nota 15.
[27] Lacan, J. (1975-76) *Le Séminaire – Livre XXIII, Le sinthome*, Paris, Éditions Du Seuil, 2005.
[28] Lacan, J. (1956-57) *Le Séminaire – livre IV. La relation d'objet*. Paris, Éditions Du Seuil, 1994.

Winnicott o havia impressionado. Ele concederia ali especial atenção à noção de objeto transicional, o que segundo disse posteriormente[29], seria o fundamento do seu conceito de objeto *a*. Referindo-se à insuficiência das noções de princípio de prazer e de princípio de realidade para descrever dois tempos cronológicos no desenvolvimento das capacidades psíquicas infantis, à necessidade de uma nova formulação, intersubjetiva mais que metapsicológica, e fazendo concessão a um termo que pretendera abolir do discurso psicanalítico, a intuição, ele realça a descoberta de Winnicott:

> Pois bem, isso acontece de vez em quando. Vêem-se os analistas voltar a uma espécie de intuição primitiva, e perceber que tudo o que se dizia até então não explicava nada. Foi o que aconteceu com o Sr. Winnicott, num pequeno artigo onde ele fala daquilo a que chama o *transitional object* – vamos pensar em *transição de objeto* ou *fenômeno transicional*. O Sr. Winnicott observa, simplesmente, que nos interessamos sempre mais pela função da mãe, e que a consideramos absolutamente decisiva na apreensão da realidade pela criança. Isso quer dizer que a oposição dialética e impessoal dos dois princípios, o princípio de realidade e o princípio do prazer, foi substituída por atores. Sem dúvida esses sujeitos são realmente ideais, sem dúvida que se trata mais de uma espécie de figuração, ou de *guignol* imaginário, mas foi aí que chegamos. (...) Winnicott observa que, em suma, para que as coisas corram bem, ou seja, para que a criança não seja traumatizada, é preciso que a mãe opere estando sempre ali no momento necessário, isto é, precisamente vindo colocar, no momento da alucinação delirante da criança, o objeto real que a satisfaz. (p.34).

Observe-se, conforme ressaltei antes, a compreensão profunda que Lacan possui das ideias de Winnicott e como, apercebendo-se de sua essência freudiana, ele promove a articulação entre as formulações metapsicológicas de Freud e a perspectiva imanentista-fenomenológica de Winnicott, a qual em momento algum vai de

---

[29] Lacan, J. (2001) *Outros Escritos*. Rio de Janeiro, Jorge Zahar, 2003 (p.376).

encontro aos fundamentos gerais estabelecidos pelas primeiras[30]. Sigamo-lo:

> Se tudo correr bem, a criança não tem, pois, nenhum meio de distinguir entre o que é da ordem da satisfação fundada na alucinação do princípio, ligada ao funcionamento do processo primário, e a apreensão do real que a preenche e satisfaz efetivamente. Logo, trata-se de que a mãe ensine, progressivamente, a criança a submeter-se às frustrações e ao mesmo tempo a perceber, sob a forma de uma certa tensão inaugural, a diferença que existe entre a realidade e a ilusão. Esta diferença só pode se instalar pela via de uma desilusão, quando, de tempos em tempos, a realidade não coincide com a alucinação surgida do desejo. Winnicott observa simplesmente, em primeiro lugar, que no interior de uma tal dialética é inconcebível que qualquer coisa possa se elaborar que vá além da noção de um objeto estritamente correspondente ao desejo primário. (...) Em segundo lugar, é um fato da experiência que, mesmo na criança mais nova, vemos aparecer esses objetos que Winnicott chama de objetos transicionais porque não podemos dizer de que lado eles se situam na dialética reduzida, e encarnada, da alucinação e do objeto real (p.34-35).

Logo, evidenciando um pleno entendimento do significado e da função dos objetos transicionais e do *playing* infantil na abertura da criança ao mundo da cultura e das relações humanas – em suas palavras, no acesso ao registro simbólico – e relacionando-os com o objeto imaginário, acrescenta Lacan:

> Todos os objetos dos jogos da criança são objetos transicionais. Os brinquedos, falando propriamente, a criança não precisa que lhe sejam

---

[30] Em meu livro *Origens de Winnicott: ascendentes psicanalíticos e filosóficos de um pensamento original* (2007) e em um trabalho publicado em *Alter – Revista de Estudos Psicanalíticos* (2010) com o título "A intuição do transicional em Freud: raízes teóricas de um conceito-chave do pensamento de D.W.Winnicott", demonstrei como a noção winnicottiana de transicionalidade estava já sugerida em diversos textos freudianos sobre a arte, a cultura, a transferência e a análise de crianças.

dados, já que os cria a partir de tudo o que lhe cai nas mãos. São objetos transicionais. A propósito destes, não é preciso perguntar se são mais subjetivos ou mais objetivos – eles são de outra natureza. Mesmo que o Sr. Winnicott não ultrapasse os limites chamando-os assim, nós vamos chamá-los simplesmente de imaginários (p. 35).

Lacan tem ainda, por fim, o cuidado de acentuar a distinção, já feita pelo próprio Winnicott, entre os objetos transicionais e os objetos fetiches – prenunciadores da perversão adulta –, diferença que alguns psicanalistas lacanianos que, não obstante demonstrem inegável intuição clínica a sutileza teórica não é dom que os distinga, como Françoise Dolto, parecem jamais haver entendido plenamente:

> Em suas obras, certamente muito hesitantes, cheias de rodeios e de confusões, vemos que é ainda assim, a esses objetos que são sempre levados os autores que procuram explicar a origem de um fato como a existência do fetiche sexual. (...) Espreitam, na criança, o manejo um tanto privilegiado de uma miudeza, de um lenço furtado à mãe, de uma ponta de lençol, de alguma parte da realidade posta acidentalmente ao alcance, o que aparece no decorrer de um período que, por ser chamado aqui transicional, nem por isso constitui um período intermediário, e sim um período permanente do desenvolvimento da criança. Desse modo são levados a quase confundir esses dois tipos de objetos, sem se interrogarem sobre a distância que possa haver aí entre a erotização do objeto-fetiche e a primeira aparição do objeto enquanto imaginário (p.35).

No seminário do ano seguinte, *As formações do inconsciente*, 1957-58[31], Winnicott ressurge na fala de Lacan e ele, como sempre, o faz trabalhar de forma hábil e proveitosa. Leva, então, adiante o paradoxo do objeto winnicottiano considerando o papel da fantasia na construção da onipotência original da criança e na distinção posterior

---

[31] Lacan, J. (1957-58) *O Seminário, livro 5: as formações do inconsciente*. Rio de Janeiro, Jorge Zahar, 1999.

de uma realidade compartilhada. Utilizando-se de dois textos de Winnicott, "Desenvolvimento emocional primitivo"[32] e "Aspectos clínicos e metapsicológicos da regressão no *setting* psicanalítico"[33], Lacan parte do princípio geralmente aceito de que "há uma discordância fundamental entre a satisfação alucinatória da necessidade e o que a mãe oferece ao filho. É nessa própria discordância que se abre a hiância que permite à criança obter um primeiro reconhecimento do objeto. Isso pressupõe que o objeto, a despeito das aparências, mostre-se decepcionante" (p. 225), para logo se questionar sobre o que acontece se a mãe, porém, comparece pontualmente, no momento exato em que o estado de necessidade se anuncia no bebê. E se ela, prontamente, oferece o seio a seu filho na hora mesma em que ele demonstra necessitar de sua presença ou em que ele começa a aluciná-lo? Reconhece, então, que "Winnicott detêm-se, com justa razão, e levanta o seguinte problema: o que permite à criança, nessas condições, estabelecer uma distinção entre a satisfação alucinatória de seu desejo e a realidade?" (p.225). Isto porque, servindo-se de outro paradoxo, que ele próprio introduz, argumenta Lacan:

> Numa perspectiva que caracterize rigorosamente o processo primário como devendo ser naturalmente satisfeito de maneira alucinatória, chegamos a que, quanto mais satisfatória é a realidade, menos ela constitui uma experiência da realidade – daí a ideia de onipotência na criança se fundamentar, na origem, em tudo que pode haver de bem--sucedido na realidade. (p.226)

A questão fica suspensa, e só será retomada por Lacan duzentas e cinqüenta páginas depois, quanto volta a ocupar-se do problema da criação da realidade externa, ou do acesso ao registro simbólico, uma vez que o cuidado materno suficientemente bom implica em a

---

[32] Winnicott, D.W. (1945) Primitive emotional development. *Trough Paediatrics to Psycho--Analysis*. Bruner/Mazel, New York, 1992.
[33] Winnicott, D.W. (1954) Metapsychological and clinical aspects of regression within the psycho-analytical set-up. *Trough Paediatrics to Psycho-Analysis*. Bruner/Mazel, New York, 1992.

mãe não permitir, de início, que a criança de aperceba da distinção entre o que é interior e exterior. Isso implica necessariamente um *parti pris* no sentido da imanência, e Lacan o admite: "Como já lhes assinalei, não é no momento em que a mãe não o satisfaz, em que o frustra, que começam os problemas. Isso seria demasiadamente simples, embora sempre voltemos a isso justamente por ser simples" (p.472). Ou seja, ele reitera que a visão baseada na frustração unicamente, como condição de possibilidade de um mundo externo, é bastante conhecida e compreensível, mas não é suficiente. Lacan demonstra claramente dar-se conta de que a abordagem winnicottiana do antigo problema é nova e põe o acento em outro aspecto ou em outro tempo deste processo:

> O problema interessante não escapou a um Winnicott, por exemplo, cujo espírito e prática sabemos cobrirem toda a amplitude do desenvolvimento atual da psicanálise e de suas técnicas, inclusive uma consideração extremamente precisa dos sistemas fantasísticos que se encontram no campo fronteiriço com a psicose. Winnicott, em seu artigo sobre os objetos e fenômenos transicionais que destaquei perante vocês, mostra com máxima precisão que o problema essencial está em saber como a criança sai da satisfação, e não da frustração, para construir um mundo para si. (p.473)

É em observações como esta que Lacan demonstra a sutileza de sua compreensão do requinte e da complexidade do pensamento winnicottiano e das implicações maiores de suas descobertas para a teoria e a clínica psicanalíticas. Ele apercebe-se de que a frustração por si só não produz alteridade, não constrói diferença, não institui o objeto se não houver anteriormente uma ação do ambiente que sustente a onipotência, o ser do bebê no mundo e no tempo, permitindo-lhe criar um mundo que está aquém de qualquer solução de continuidade, de qualquer falha ou de qualquer *gap*.

> Na medida em que se articula um mundo para o sujeito humano, que comporta um para-além da demanda, é quando a demanda é satisfeita,

e não quando é frustrada, que aparece o que Winnicott chama de objetos transicionais, isto é, esses pequenos objetos que desde muito cedo vemos assumirem uma extrema importância na relação com a mãe – uma ponta de fralda que a criança puxa ciosamente, um retalho de uma coisa qualquer, um chocalho. (p.473)

Cinco anos mais tarde, no seminário *A angústia*, de 1962-63[34], Lacan correlacionará intimamente o seu conceito de estádio do espelho com os conceitos de objeto *a* e objetos transicionais, aos quais, para melhor ajustá-los a sua demonstração, ele se referirá com "objetos cedíveis". Sua primeira aproximação entre espelhamento e transicionalidade dá-se numa tentativa de esquematização *après coup* dos tempos que antecedem, sucedem e espetaculizam a experiência do bebê com o espelho e seu significado na constituição da subjetividade/egoidade[35]. Ele escreve: "Quando comecei a enunciar a função fundamental do estádio do espelho na constituição geral do campo do objeto, passei por diversos tempos. De início, existe o plano da primeira identificação com a imagem especular, desconhecimento original do sujeito em sua totalidade" (p.103). Veja-se que neste primeiro tempo opera uma subjetividade plena, disseminada, que não comporta ainda nenhuma forma de circunscrição do vivido ou do que é próprio. Trata-se, portanto, aí de um sujeito originário tão logo é captado na *imago,* na imagem e no desejo do Outro primordial, no olhar/significante da mãe que o unariza sem que ele seja ainda *um*. "Depois (entenda-se, num segundo tempo) vem a *referência transicional*[36] que se estabelece em sua relação com o outro imaginário, seu semelhante. É isso que faz com que sua identidade seja sempre difícil de discernir da identidade do outro" (p.103). Este é o momento exato do que é referido por Lacan como *Ahá!-Erlebnis*, interjeição que aponta a experiência

---

[34] Lacan, J. (1956-57) *O Seminário, livro 10: a angústia.* Rio de Janeiro, Jorge Zahar, 2005.
[35] Em 1960 Lacan endossaria a referência de Damourette e Pichon ao sujeito como pessoa plena e ao eu como pessoa sutil, sendo esta última a função identificada ao *shifter*, o impostor.
[36] Itálico é meu.

do reconhecimento da própria imagem refletida no espelho, com o auxílio do Outro. Lacan o designa como um tempo transicional, ou seja, indicativo da passagem de uma total ausência de autorrepresentação para uma progressiva distinção entre representações de *eu* e de *outro*. Tempo este em que, na linguagem winnicottiana, a zona de ilusão inicial (a quase alucinação) devém um *transitional field* propriamente dito e em que os fenômenos e objetos transicionais assumem a sua máxima importância. Logo, anunciando o terceiro tempo da experiência de espelhamento, acrescenta Lacan: "Daí a introdução da mediação de um objeto comum, objeto de concorrência cujo status decorre da ideia de posse – ele é seu ou é meu". (p.103).

Esta alusão inicial à obra de Winnicott é retomada nas últimas sessões deste ano do Seminário, quando Lacan se ocupa de descrever o objeto pequeno *a* – que introduzira três anos antes no seu célebre escrito "Subversão do sujeito e dialética do desejo no inconsciente freudiano" (1960)[37], servindo-se já da referência winnicottiana. Ele escreve: "Esse caráter de objeto cedível é uma característica tão importante do *a*, que lhes peço a gentileza de me acompanharem numa breve revisão para ver se essa característica marca todas as formas que enumeramos do *a*" (p.340). Descrevendo as diferentes formas assumidas pelo objeto pequeno *a* no trâmite constitutivo do sujeito, Lacan o relacionará inicialmente com o seio que se retira, com a experiência do desmame. Novamente, porém, ele caracterizará este movimento de desprendimento do filhote humano do corpo da mãe como uma cessão, mais que como uma frustração:

> O momento mais decisivo na angústia de que se trata, a angústia do desmame, não é propriamente que, nesse momento, o seio faça falta à necessidade do sujeito, mas, antes, que a criança pequena cede o seio a que está apensa como se fosse uma parte dela mesma. (...) durante a amamentação, o seio faz parte do indivíduo alimentado, encontra-se

---

[37] Lacan, J. (1966) Subversion du sujet et dialectique du désir dans l'inconscient freudien. In: *Écrits II*. Paris, Éditions du Seuil, 1999.

apenas *chapado* na mãe, como eu lhes disse numa expressão figurada. (p.340)

Ele está de acordo, portanto, com Winnicott em que há uma "atividade" do bebê na criação desse momento, na interrupção do *breast feeding*, tanto quanto no movimento de produção de novos objetos, que irão substituir o objeto originalmente cedido e que serão, por sua vez, também cedíveis:

> O que chamo de cessão do objeto traduz-se, portanto, pelo aparecimento, na cadeia da fabricação humana, de objetos cedíveis que podem ser equivalentes aos objetos naturais. Se esta repetição não é despropositada aqui, é que, por meio dela, tenciono ligar diretamente a isso a função que tenho enfatizado há muito tempo – a do objeto transicional, para retomar o termo, apropriado ou não, mas já consagrado, com que o rotulou seu criador, aquele que o percebeu, ou seja, Winnicott. (p.341)

Acompanhemos o desdobramento do argumento de Lacan em seu cuidadoso trabalho de suplementação teórica de um conceito que lhe era particularmente caro e que ele, certamente, fez trabalhar a serviço de suas próprias ideias:

> Esse objeto que ele chama de transicional, vê-se com clareza o que o constitui na função de objeto que chamo de objeto cedível. Trata-se de um pedacinho arrancado de alguma coisa, quase sempre uma fralda, e é bem visível o suporte que o sujeito encontra nele. O sujeito não se desfaz desse objeto, fortifica-se nele. Fortifica-se com ele em sua função absolutamente original de sujeito em posição de queda, em relação ao confronto significante. (p.341)

A expressão "confronto significante" designa aqui a sinalização da diferença. Segundo Lacan, o ato do desprendimento do corpo da mãe engendra o "momento de surpresa mais primitivo", o qual coloca o bebê na iminência de aferrar-se a esse objeto que lhe servirá de suporte frente ao que denominamos desamparo (*hilflosigkeit*) com Freud e Lacan e que Winnicott referirá como agonias primitivas (*primitive agonies*), as quais não serão mais que uma potencial ameaça ao ser se a passagem da ilusão primitiva onipotente ao segundo tempo do espelhamento transcorre de forma não traumática (o que pressupõe a eficiência da função *holding*). Conforme Lacan, aliás, o desmame não deveria ser referido, em condições favoráveis, como um trauma, já que ele atende à operância de um desejo de desmame no bebê, no que Lacan está completamente de acordo com a formulação de Winnicott quando afirma que em torno dos nove meses um bebê já tem ideias claras sobre a maneira de livrar-se das coisas, de como jogá-las fora, e que ele próprio pode desmamar-se[38]. Segundo Lacan:

> Em essência, não é verdade que a criança seja desmamada. Ela se desmama. Desliga-se do seio, brinca. Após a primeira experiência de cessão, cujo caráter já subjetivado é sensivelmente manifestado pela passagem, em seu rosto, dos primeiros sinais que esboçam nada menos que a mímica da surpresa, ela brinca de se soltar do seio e tornar a pegá-lo. Se já não houvesse nisso algo tão ativo que podemos enunciá-lo no sentido de um desejo de desmame, como poderíamos sequer conceber os fatos sumamente primitivos, sumamente primordiais em seu aparecimento, da recusa do seio (...). (p.356)

Decorridos mais cinco anos, no seminário *O ato psicanalítico,* 1967-68[39], Lacan voltaria a correlacionar objeto *a* e objeto transicional e se ocuparia ainda das noções de falso *self* e verdadeiro *self*, conceitos a respeito dos quais (e aqui parece-nos que por não entendê-los com a mesma exatidão e profundidade) posiciona-se contrária e criticamente; embora não lhes despreze a importância no plano da teoria custa-lhe compreender que essas noções possam ser

---

[38] "They may even wean themselves", afirma Winnicott em 1957.
[39] Lacan, J. (1967-68) *Seminario 15 – El acto psicoanalítico*. Escuela Freudiana de Buenos Aires. s/d.

aplicadas na clínica sem que o analista se afaste da atitude analítica (da sustentação do ato psicanalítico).

Após as habituais preliminares elogiosas a cada nova referência à obra ou a conceitos de Winnicott, através das quais realça o quanto foi auxiliado pela noção de objeto transicional quando pretendia distinguir o pequeno *a* dos objetos parciais, e como a sua consideração permite deixar de significar o desmame como um drama, já que quem mais parece sofrer com ele é a própria mãe, Lacan sugere aos seus ouvintes a leitura do trabalho de Winnicott sobre os objetos e fenômenos transicionais, que havia sido traduzido e publicado em francês na revista *La Psychanalyse*, v. 5, Paris, PUF, 1959. Recomenda, ainda, que se "alguém quiser fazê-lo, entenderá menos mal tudo isso para poder dizer o que é esse pequeno objeto (*a*); que não está nem no interior, nem no exterior, nem é real, nem ilusório, nem isso, nem aquilo, e não entra em nada de toda essa construção artificiosa que o comum da análise edifica ao redor do narcisismo (...), ou seja, de um lado, o amor de si mesmo, e do outro, o do Objeto, como se diz" (ps. 67-68). Afirmando que o objeto *a* comanda o Sujeito nos seus começos e que o Sujeito como tal funciona inicialmente no nível do objeto transicional, Lacan discorda, porém, do desenvolvimento que Winnicott dará a este processo servindo-se da noção de *self*:

> Mas vocês verão o que ocorre quando Winnicott leva as coisas mais longe, a saber, quando não é mais o observador do pequeno bebê – e ele é capaz disso mais do que ninguém –, mas delimita sua própria técnica em relação ao que procura, a saber, de uma maneira patente – eu o indiquei na última vez, ao final da minha conferência – a verdade. Porque esse *self* do qual ele fala é algo que está aí desde sempre, por detrás de tudo o que acontece, algo que mesmo antes que o sujeito esteja situado é capaz de congelar – escreve ele – a situação da falta. Quando o ambiente não é apropriado nos primeiros dias, nos primeiros meses do bebê, algo pode operar fazendo esse *freezing*, esse congelamento (...) mas atrás desse *freezing* há esse *self* que espera, diz Winnicott, esse *self* que por estar congelado constitui o falso

self o qual é necessário que Winnicott reanime por um processo de regressão. (p.68)

É a partir daqui que o entendimento de Lacan acerca da teoria da dissociação do ego em dois *selves* se obscurece e ele passa a confundir o verdadeiro e o falso *self* e a condição e função de cada um deles no desenvolvimento do indivíduo e na prática clínica psicanalítica. Curioso é que ele divirja de Winnicott exatamente no momento em que deixa de compreendê-lo, pois na sessão seguinte de seu Seminário nós o veremos chegar a uma formulação bastante próxima do que é efetivamente sustentado por Winnicott. Ele encerra o comentário transcrito acima da seguinte maneira:

> Atrás desse falso-*self*, o que espera? O verdadeiro, para recomeçar. Qualquer um pode ver, quando temos já na teoria analítica esse *Real Ich*, esse *Lust Ich*, esse *Ego*, esse *Id*, todas essas referência já bastante articuladas para definir o nosso campo, que a adjunção desse *Self* não representa nada mais do que, conforme é confessado no texto com *false* e *true*, a verdade; e qualquer um pode ver também que não há outro *true-self* atrás dessa situação senão o próprio Winnicott, que aí se coloca como presença da verdade.

O que parece se perder agora, na leitura feita por Lacan de *um excelente autor a quem devemos as mais finas descobertas em psi-canálise* – conforme ele mesmo acaba de referir-se a Winnicott – é o fato de que o verdadeiro *self* não existe como uma entidade, não pode ser enunciado positivamente, o verdadeiro *self* é algo que nas condições patológicas descritas não pode acontecer, que por efeito de traumatismos infantis precoces retraiu-se (ou congelou-se) e veio a constituir uma espécie de resíduo vital preservado pelo sujeito da violência ou da instabilidade do ambiente. É ao encontro disso que o sujeito se dirige na regressão analítica; a algo que é da ordem do ser, mas do ser selvagem, do ser bruto no sentido merleau-pontyano[40],

---
[40] Ver Merleau-Ponty, M. (1964) *O Visível e o Invisível*. Perspectiva, São Paulo, 1992.

e que por esta mesma razão pode irromper no curso do tratamento psicanalítico sob a forma de material ou conteúdo que costumamos qualificar de psicóticos, necessitando às vezes de cuidados especiais que exigem uma estrutura terapêutica que pode não se limitar às sessões de análise, às interpretações e mesmo ao manejo do ambiente e da transferência. O que Winnicott promove é, portanto, uma desalienação radical, no sentido lacaniano, uma desterritorialização absoluta, conforme Deleuze[41], seguida de uma irrupção mais ou menos espetacular da força vital (*life force*) do paciente, o que de forma nenhuma encontrará um anteparo tranqüilizador na oferta da pessoa, do ego de Winnicott, como "presença da verdade". Esta é, outrossim, a crítica que Lacan sempre dirigiu à psicologia do ego – a de que o analista oferecia o próprio ego como modelo de sanidade e como credor da realidade a seu paciente, e desta forma o realienava em vez de curá-lo – mas que não poderá se aplicar de maneira nenhuma à abordagem clínica winnicottiana. Ele melhor entenderia esta ideia e os conceitos de Winnicott se pudesse articulá-los com a fórmula que faz circular no seguimento de seu Seminário, nesse mesmo ano, e que se tornará um bordão lacaniano repetido à exaustão pelos sequazes: "Onde sou não penso, onde penso não sou". A ação clínica de Winnicott consiste justamente em libertar o ser, o *self* verdadeiro, da colagem dos pensamentos alheios, do desejo e das palavras do Outro, dos valores impingidos e das injunções que o colonizaram imaginariamente e o desfiguraram no início e no curso posterior de sua existência. A forma clínica que isto assumirá e a feição final que o sujeito/indivíduo que emergirá disto dará a sua vida é da ordem do livre arbítrio, da "escolha", sendo portanto uma questão que não compete ao psicanalista, que não deverá ser, jamais, nem presença nem revelação da verdade.

---

[41] Ver Deleuze, G. (1980) *Mil Planaltos*. Assírio &Alvim, Lisboa, 2004.

Epítome

O problema da autenticidade/inautenticidade perpassa as obras de Lacan e Winnicott, e já havia preocupado Ferenczi em sua maturidade. É igualmente um tema relevante nos textos de filósofos da importância de um Heidegger, de um Sartre ou de um Deleuze, não devendo, por conseguinte, ser uma questão menor no cotidiano do exercício clínico da psicanálise na contemporaneidade. E o fato de que o olho e o ouvido do psicanalista afinem-se para questões concernentes ao ser não implica que a psicanálise se dessexualize, como de forma alarmista sugeriram alguns autores – André Green entre eles[42] –, simplesmente ela passa a conceder ao sexo e à sexualidade o lugar que efetivamente ocupam na complexidade subjetiva/intersubjetiva do sujeito humano. O erotismo é, obviamente, uma das mais importantes vias/formas através das quais o ser do homem se manifesta. O psicanalista contemporâneo, cujo perfil ideal busquei neste capítulo traçar – considerando particularmente a análise de ascendência freudiana, da qual Lacan e Winnicott são hoje, pela sua revivificação desconstrutiva da obra de Freud, os mais legítimos representantes – não crê, porém, que *nada importante ocorra no organismo humano que não seja em essência sexual*. Lacan referiu-se derrisoriamente a noções como libido e pulsão de morte, pelas conotações e implicações biológicas que os termos/conceitos possuem, e se os utilizou eventualmente foi apenas depois de redescrevê-los; e Winnicott, que desprezou ambos os termos e os conceitos a que remetem, postulou, como motor da ação criativa do indivíduo, a qual se espetaculiza em suas ações e relações, uma força vital que tem notável consonância com as concepções de Nietzsche, Bergson e Deleuze, autores que em nenhum momento desatenderam em suas respectivas ontologias a esfera da sexualidade, mas que encontraram no sujeito imanente algo maior, que o impele a desdobrar plenamente as suas potencialidades vitais e a realizá-las no mundo da vida. Winnicott dirá que a *life force*

---

[42] Green, A. (1995). Has sexuality anything to do with psychoanalysis? *International Journal of Psycho-Analysis*, 76:871-883.

é apanágio do *self* original, mas que este *self* é anterior ao exercício das pulsões, chegando mesmo, na parte final de sua obra, a afirmar com notável ousadia que a existência humana está mais relacionada ao ser do que ao sexo[43].

Mas se as questões apontadas como centrais na concepção de análise que aqui se projeta implicam o ser, a vitalidade, a autenticidade, a criatividade, é necessário realçar que elas se apóiam na premissa de que *o ser é ser em relação*; este enunciado de pregnância axiomática subsume as noções de indivíduo/sujeito, espelhamento, transicionalidade, subjetivação, intersubjetividade, verdade e necessariamente implica sempre o outro/Outro como intercessor. A nova ou pós-psicanálise – forçando a expressão como efeito de retórica, visto que se trata de um pós de si mesma que reafirma a si mesma –, com certeza torna-se menos edípica e menos metapsicológica. Se Lacan se refere ao Édipo, certamente o faz concebendo-o de forma totalmente distinta do Complexo de Édipo evolutivo – o da fase edípica do desenvolvimento psicossexual, conforme descrito por Freud e disseminado pelos annafreudianos –, mas postula um Édipo estrutural, que marca desde o início a diferença, que é signo do simbólico operando no imaginário da mãe (Outro), e a ação do supereu na relação narcisista que ela estabelece originalmente com seu bebê. Se Winnicott refere-se ao Complexo de Édipo, é como um precipitado tardio de problemas que afetam o sujeito desde o primeiro momento de sua existência mundana, é como retradução, retranscrição e reenunciação de questões primitivas que são certamente mais hamletianas do que edípicas, como já se disse eventualmente. Narciso passa a ser, sem dúvida, uma nova metáfora instituída pelos novos tempos, mas quem negaria que uma dramática que envolve o ser na sua expressão erótico-agressiva é o centro da relação mortífera de

---

[43] "Eu quero finalmente considerar a vida que uma pessoa sadia pode viver. O que é neste sentido a vida? Eu não preciso saber a resposta, mas podemos concordar que ela está mais intimamente relacionada ao SER do que ao sexo (...) Ser e sentir-se real referem-se à saúde, e é somente se temos o ser como garantido que podemos aceder às coisas mais positivas" (The concept of a healthy individual. In: Winnicott, D.W. [1967] *Home is where we start from*. London, W.W. Norton & Company 1990 (p.35).

Narciso com o seu outro especular? Obviamente, também em uma perspectiva psicanalítica pós-estruturalista do sujeito ou do *self*[44], *o ser do homem é ser sexuado*, embora não deva ser mais definido como sendo "em essência" sexual.

O que Lacan[45] e Winnicott[46] reiteram ao longo de suas volumosas obras é que o aferramento e posterior desprendimento do objeto/ambiente primordial, a subjetivação/individuação, é a principal e decisiva tarefa do filhote humano, que ao precipitar-se no seu Outro ele não busca prioritariamente satisfazer instintos, mas as necessidades primitivas do *self* psicossomático, que ele não se constitui como sujeito/indivíduo transitando mais ou menos conflitivamente pelas diferentes fases do desenvolvimento libidinal, que ele não adoece por fixações na fase oral, anal, etc., que ele não amadurece quando conquista a genitalidade, mas que pode falsificar ou romper a sua relação com o *Umwelt* devido a colapsos ou torções do desenvolvimento que o desfiguram, alienam brutalmente ou destroem psiquicamente ainda nos seus começos, e que essas agonias ou catástrofes primitivas remetem às suas primeiras experiências com o ambiente pós-natal imediato, que acolhendo-o mais ou menos convenientemente servirá, ou não, de sustentáculo para o exercício de sua vitalidade/criatividade no mundo humano – como já apontara, antes de qualquer outro autor psicanalítico, Sándor Ferenczi[47].

O sujeito originário (S) será equiparado por Lacan ao *isso* freudiano e o *eu* (moi) será descrito como um rebatimento especular do encontro com o outro/Outro[48], que o descentra. Winnicott equiparará

---

[44] Para uma análise comparativa das noções de Eu, *Self* e Sujeito na psicanálise contemporânea ver o livro, notavelmente bem escrito e elucidativo, de Isidoro Vegh (2010).

[45] Lacan, J. (1954-55) *Le moi dans la theorie de Freud et dans la technique de la psychanalyse*. Paris, Éditons du Seuil, 1978.

[46] Winnicott, D.W. (1965) *The maturational Processes and the Facilitating Environment*. IUP, Madisson, 1996.

[47] Ferenczi, S. (1928) A adaptação da família à criança. (1929) A criança mal acolhida e sua pulsão de morte. In: *Obras Completas, vol IV*. São Paulo, Martins Fontes, 1992.

[48] Entenda-se que me refiro aqui ao outro primordial, que é tão real, quanto imaginário e simbólico, na medida em que tanto encarna efetivamente o cuidador, quanto agencia o desejo da mãe e igualmente sinaliza o lugar do pai, o terceiro interditor.

o verdadeiro *self* ao id e o falso *self* ao ego, o qual inevitavelmente encobrirá o núcleo do *self* – o *self* original – que irá se ocultando à medida que a separação da mãe (*caretaker*) se torna um fato, como se pode ler em seu ensaio clássico sobre o tema[49]. O acréscimo representado por estas redescrições do modelo de subjetivação de Freud consiste no fato de que nelas o eu/ego/moi não se constitui obedecendo a um determinismo evolutivo nem por efeito de um salto metapsicológico: o *Wo es war soll ich werden* de Freud realçará aqui principalmente o lugar/função do Outro e o pictograma resultante desse primeiro encontro com o *Umwelt,* com o *environment,* que imprimirá ao "devir eu" uma feição única, singular. É bem verdade que a descrição de Lacan parece sugerir um bebê mais "reativo" que o bebê criativo de Winnicott, mais consentâneo com a imanência de Deleuze, que mais inventará o meio e o "outro" do que será por estes inventado. Esta questão, porém, se abre a desenvolvimentos e questionamentos que foram objeto do trabalho que apresentei no Primeiro Simpósio Internacional *Winnicott avec Lacan*[50], que está publicado no livro de mesmo titulo[51], e dos quais não voltarei neste capítulo a me ocupar.

Em suma, a leitura cotejada das obras destes dois autores, como dos outros aos quais me referi nominalmente neste estudo como intercessores (desconsiderando os psicanalistas, cuja enumeração seria hoje impossível), possibilita a ampliação das noções de sujeito/analisando, de relação terapêutica (como campo transicional) e de interpretação ou intervenção psicanalítica (como indagação, rabisco, realçamento, pontuação), entrelaçando o que é da ordem da vivência (do imaginário e do corporal) e da ordem do significante (da linguagem e da fala), e redescrevendo o inconsciente analítico

---

[49] Winnicott, D.W. (1960) Ego distortions in terms of true and false self. *The maturational Processes and the Facilitating Environment.* IUP, Madisson, 1996.

[50] Organizado pela *Association Ferenczi après Lacan* no *Institut Français de Londres*, de 1 a 4 de maio de 2008, em Queensberry Place 17, London SW7 2DT.

[51] Graña, R.G. (2010) Lacan avec Winnicott: sur le miroir, l'especularité et la subjetivation. In: Vanier, Alain et all. *Winnicott avec Lacan.* Paris, Éditions Hermann. (Primeiro capítulo deste livro).

como produção ou acontecimento de uma verdade que é passível de apreensão apenas a partir de uma "operação oblíqua de captura" (Badiou, 1998), de uma indicação sutil, em que a análise se aproxime maximamente de uma poética da desocultação.

Que o corpo e os significantes que o marcam *ab initio* – que fazem "letra", como dizem os lacanianos – recebam aqui uma atenção especial, que o sujeito falante (*parlêtre*) que ocupa nosso divã atualize incessantemente essas *prägungen*, que nos perguntemos qual é o Outro que paira a cada momento no horizonte de sua análise, que essas presentificações de relações que constituíram o sujeito ficcionalmente, miticamente[52], assumam uma dimensão vivencial que afeta o ser psicossomático por inteiro, e que a atenção que se concede ao nível expressivo que chamaríamos, kierkegaardianamente, "dos frêmitos" (significantes demarcativos) seja tão importante quanto a atenção que se concede ao nível expressivo "dos ditos" (significantes lingüísticos), será talvez o mais percutível efeito clínico do entrelaçamento teórico que pretendi neste livro provisoriamente sintetizar.

---

[52] Obviamente não estou falando aqui do que "realmente" aconteceu em sua "história material", como diria Freud, nem contrastando a *imago* materna ou paterna com seus *pais reais*, porque este significado não existe fora da fantasia (fantasme) ou do discurso do analisando, ele pertence a Deus – se nele se crê –, não obstante escutemos ainda de alguns analistas intervenções "confrontativas" do tipo: "Mas esta mulher terrível e castradora de quem você fala é apenas a mãe da sua cabeça, a sua mãe real é diferente" ou "Seu pai era um homem apático e distante apenas para você; seu irmão parece vê-lo de outra maneira". Haverá, perguntamo-nos, outra mãe ou outro pai mais verdadeiros ou mais reais do que aqueles que protagonizam a ficção pessoal constituinte do sujeito/analisando?

Referências

Badiou, A. (1998) *Pequeno manual de inestética*. São Paulo, Estação Liberdade, 2002.

Barthes, R. (1953) *O grau zero da escrita*, Lisboa, Edições 70, 1997.

Barthes, R. (1973) *El placer del texto*. Buenos Aires: Siglo XXI, 1974.

Barthes, R. (1975) *Roland Barthes por Roland Barthes*. São Paulo, Liberdade, 2003.

Barthes, R. (1977) *Fragmentos de um discurso amoroso*. F. Alves, Rio de Janeiro, 1995.

Barthes, R. (1979) *A câmara clara*. Nova Fronteira, Rio de Janeiro, 1984.

Deleuze, G. (1953) *Empirismo y subjetividad.* Ed.Gedisa, 1996.

Deleuze, G. (1968) *Diferença e repetição*. Ed. Graal, São Paulo, 2006.

Deleuze, G. (1969) *Lógica do sentido*. São Paulo, Ed. Perspectiva, 2000.

Deleuze, G. (1972) *O Anti-Édipo*. Assírio &Alvim, Lisboa, 2004

Deleuze, G. (1980) *Mil Planaltos*. Assírio &Alvim, Lisboa, 2004.

Deleuze, G. (2002) *A ilha deserta*. São Paulo, Iluminuras, 2006.

Derrida, J. (1967) *De La Grammatologie*, Paris, Éditions de Minuit, 1997.

Derrida, J. (1967) *L'écriture et la différence*. Paris, Éditions du Seuil, 1979.

Ferenczi, S. (1928) A adaptação da família à criança. In: *Obras Completas, vol IV*. São Paulo, Martins Fontes, 1992.

Ferenczi, S. (1929) A criança mal acolhida e sua pulsão de morte. In: *Obras Completas, vol IV*. São Paulo, Martins Fontes, 1992.

Foucault, M. (1969) *A arqueologia do saber*.Rio de Janeiro, Forense Universitária, 1997.

Genette, G. (1966) *Figures*, Paris, Éditions du Seuil.

Graña, R. B. (2007) *Origens de Winnicott: ascendentes psicanalíticos e filosóficos de um pensamento original*. São Paulo, Casa do Psicólogo.

Graña, R. G. (2010) Lacan avec Winnicott: sur le miroir, l'especularité et la subjetivation. In: Vanier, Alain et all. *Winnicott avec Lacan*. Paris, Éditions Hermann.

Graña, R. B. (2010) A intuição do transicional em Freud: raízes teóricas de um conceito-chave do pensamento de D.W.Winnicott. *Alter – Revista de Estudos Psicanalíticos*, V. XXVIII – n.2. p. 31-51.

Lacan, J. (1954-55) *Le Séminarie, livre II: Le moi dans la theorie de Freud et dans la technique de la psychanalyse*. Paris, Éditons du Seuil, 1978.

Lacan, J. (1956-57) *Le Séminaire, livre IV: La relation d'objet*. Paris, Éditions Du Seuil, 1994.

Lacan, J. (1957-58) *O Seminário, livro 5: as formações do inconsciente*. Rio de Janeiro, Jorge Zahar, 1999.

Lacan, J. (1962-63) *O Seminário, livro 10: a angústia*. Rio de Janeiro, Jorge Zahar, 2005.

Lacan, J. (1966) Subversion du sujet et dialectique du désir dans l'inconscient freudien. In: *Écrits II*. Paris, Éditions du Seuil, 1999.

Lacan, J. (1967-68) *El Seminario, livro 15: El acto psicoanalítico*. Escuela Freudiana de Buenos Aires. s/d.

Lacan, J. (2001) *Outros Escritos*. Rio de Janeiro, Jorge Zahar, 2003.

Merleau-Ponty, M. (1945) *Fenomenologia da Percepção*. Freitas Bastos, Rio de Janeiro, 1971.

Merleau-Ponty, M. (1964) *O Visível e o Invisível*. Perspectiva, São Paulo, 1992.

Vegh, I. (2010) *Yo, Ego, Si-mismo: distinciones de la clínica*. Buenos Aires, Paidos

Winnicott (1957) Weaning. In: *The child, the family and the outside world*. New York, Addison-Wesley Publishing Company. 1987.

Winnicott, D.W. (1945) Primitive emotional development. *Trough Paediatrics to Psycho-Analysis*. Bruner/Mazel, New York, 1992.

Winnicott, D.W. (1960) Ego distortions in terms of true and false self. *The maturational Processes and the Facilitating Environment.* IUP, Madisson, 1996.

Winnicott, D.W. (1963) Fear of breakdown. *Psycho-Analytic Explorations.* Harvard University Press, Cambridge, 1992.

Winnicott, D.W. (1965) *The maturational Processes and the Facilitating Environment.* IUP, Madisson, 1996.

Winnicott, D.W. (1967)The concept of a healthy individual. *Home is where we start from.* London, W.W. Norton & Company 1990.

Winnicott, D.W. (1954) Metapsychological and clinical aspects of regression within the psycho-analytical set-up. *Trough Paediatrics to Psycho-Analysis.* Bruner/Mazel, New York, 1992.

Impresso por :

gráfica e editora

Tel.:11 2769-9056